松本隆宏
Takahiro Matsumoto

地主の決断

The Decision for the Future

これからの時代を
生き抜く実践知

SUN RISE

はじめに

「先祖代々の土地を守らなければならないが、どうしたらいいのか」
「高い相続税を納付できるか不安だ」
「なんとか土地を手放さない方法はないか」……

地主の皆さんであれば、これらの悩みに心当たりがあるのではないだろうか？　私は地主専門の資産防衛コンサルタント、いわば**「地主の参謀」**としてたくさんの地主の方々にお会いしてきたが、このような相談を受ける機会がとても多い。

私はこれまで、東京・神奈川を中心に埼玉・愛知・大阪・兵庫などのエリアで、年間54回のセミナーを行い、「地主の決断」というテーマについてお話ししてきた。けれどコロナショックが起こってからはこうした機会が減ってしまったので、「地主の決断」についての考えをより多くの方に伝えたい、そしてご自身の資産を防衛するヒントを得てほしい――そうした思いから、本書の出版を決意した次第だ。

先のような悩みを抱える地主の方々の中には、効果的な解決策を見出せず、結果として先祖から受け継がれてきた貴重な資産を減らしてしまった、という方も多い。中には「代々守ってきた資産を減らした」と親戚から責められるケースもあり、地主の方々にとって資産をいかに防衛するかは非常に深刻な問題だと思う。

「3代の相続で資産がなくなる」という言葉を聞いたことがあるだろうか？これは近年の相続税負担の深刻さを表していて、これについては第1章で詳しくお話しするが、この言葉からは、地主の皆さんを取り巻く状況がますます厳しくなっていることがうかがえる。

私自身も地主の家に生まれたので、地主の皆さんが抱えているこうした悩みはとてもよく理解できる。幼い頃は「地主の家」という意識は特になく、なんとなく「この土地を引き継ぐのは自分なんだ」と感じながら育ってきたくらいだが、ある日、祖父の代で保証人になっていた親戚の会社が倒産。父は数千万円という負債を一気に背負うことになり、我が家の生活は一変した。

以来、父は幼い私の手を引きながら、毎日のように銀行や弁護士事務所、不動産会社などへ足を運び、必死に返済方法を探し続けた。今でも鮮烈に覚えているのは、知らない男性が頻繁に訪ねてきて、庭で父と話しているシーンだ。当時はその会話内容をあまり理解できなかったが、その男性が帰った後の父は決まって不機嫌で、そのことは記憶にしっかり残っている。

結局、所有していた土地の大半を手放すことで借金を完済することができたのだが、そのときにはすでに事態が発生してから数年もの月日が流れていた。

なぜ、父は借金を背負う羽目になったのか？

そしてなぜ、先祖代々受け継いできた土地を手放さなければならなかったのか？

この理不尽さを噛みしめた経験こそ、私が「地主の参謀」になった原点であり、今の私の大きな原動力になっている。

私の家のように厳しい経験をしている地主の方はごく稀かもしれない。けれど現実問題として、大事な資産を減らしている地主の方々が後を絶たないのもまた事実。

なぜ、倒産といった大きな出来事がなくても資産を減らし続けることになるのだろうか？

ここで、先の「3代の相続で資産がなくなる」という事態について、典型的な例を取り上げながらもう少し深掘りしていこう。

私が出会ったある60代の地主の方は、複数の土地を所有してそのうちの2カ所を月極駐車場として使用していた。その駐車場の立地条件がよいことから、私は「それぞれの土地で1棟ずつアパートを建築してはどうか」と伝えたところ、まずは1棟建てることを決断された。

私はこの時点で、2棟とも建築会社と請負契約を結んだほうがいい、と考えていた。当時はコロナウイルス感染症が流行し始めた頃で、建材価格もアパートローン金利も上昇の兆しが見えており、契約を先延ばしにしてもあまりいいことはないように思われたからである。

しかしこの地主の方は、「2つも同時に多額の契約をするのは不安だ」とのこと。結局、1棟だけ着工することを決めた。

1年後、そのアパートは無事に完成。周囲の物件よりもデザイン面が圧倒的によかったのですぐに入居者がついた。この方はとても満足され、「2棟目も建てたい」と言い、その時点で見積もりを出してもらった。すると、1棟目より1100万円も高くなっていた。1棟目とまったく同じ仕様にもかかわらず、である。

1100万円という差額だけでも大きな痛手だが、もしも2棟同時に契約を結んでいればさらに費用を圧縮することができただろう。つまりこの地主の方は、「同時に2つも契約するのはなんとなく怖い」という理由で多額の資産を失うことになってしまったわけだ。

このように、偏った視点で重大な決断を下してしまう地主の方は多い。特に、不動産業以外に仕事をしていない「専業地主」に多い印象を受けるが、先の男性もやはり「専業地主」だった。

「自分の代で資産を減らしたくない」と考えていても、効果的に資産防衛をする具体的な方法を知らず、この話のような「誤った選択」を重ね、資産を徐々に目減りさせてしまう。

そして最終的に相続人が相続税を払えなくなってしまい、先祖代々受け継いだ土地を売却してしまうことになる——。

残念ながら、これが現実ではないだろうか。

すこし厳しい言い方だが、これには地主の方々の意識の問題が大きく影響しているように思う。

例えば、「資産を減らしたくない」と切実に考えていても、毎月の家賃収入があることに油断して何もしない、という地主に私はお会いすることがある。けれど、**毎月の家賃収入があるのは先祖が努力を積み重ねてやっと築き上げた資産のおかげで、自分の実力で安定した収入を得ているわけではない。**

そのことをまず認識すること、これが地主の方々が行き詰まった現状を打破する重要な第一歩となる、と私は考えている。


さらに言えば、**「先祖からの資産を引き継いだ」という役割は、その資産を維持、または増やして次世代へ引き渡すことで全うされるのではないだろうか？** 私は、地主には生まれながらにしてそのような使命が課せられているのだと思う。

私自身がこの「地主の使命」を意識するようになったきっかけは、実家の墓石だった。ある日自宅の横にある墓を掃除していると、側面に年号が彫られていることに気づいた。「天保元年」、それはいつのことなんだろう？――そう疑問に思った私は専門家へ調査をお願いし、過去の戸籍からさまざまな人の流れが分かった。そして作成された家系図を見て、**「こんなにたくさんの先祖が資産を守ってきたのか」**と静かな感動を覚えるとともに、初めて資産防衛に対するプレッシャーを感じた。**「これほどまでに長い間受け継がれてきた資産の流れを、絶対に自分の代で絶ってはならない」**という気持ちが自然と湧き起こってきたのだ。

それでは、地主の皆さんが資産を守り、次の代が困らない形で受け継いでいくためには、一体どうすればいいのか？

最も大切なことは、**経営者であるという自覚を持ち、3つの力を身に付けること**だと思う。

①「人を見極める力」

②「時代の流れを読む力」

③「決断する力」

地主の皆さんには、本書を通してこれらの力を身に付け、資産を守っていってほしい。これこそ私が読者の皆さんに最も伝えたいことだ。

本書では、**なぜ、この3つの力が必要なのか、それらは具体的にどんな力なのか、そしてそれらの力を身に付ける方法**について、具体的にお話ししていきたい。

先行きがますます不透明なこれからの時代においては、**これまでと同じ「現状維持＝守り」の姿勢を貫くだけでは、資産を守ることはできない。**そのためには**「攻め」の姿勢、そしてそのための「決断」が必要**で、本書を通して地主の皆さんが、先祖代々の資産を次の世代によりよい形で引き継ぐヒントを得ていただければ、著者として嬉しく思う。

目次

第2章 地主と経営

第3章 地主の問題点

第4章

地主の資産防衛 ―― 土地活用の意義を見つめ直す……101

税監修：税理士法人 深代会計事務所

税監修：税理士法人 深代会計事務所

第1章

地主の実情

「相続が3代続くと財産はなくなる」の真実

ある日、私が懇意にしている税理士事務所の副所長と食事をしていたときのこと。この事務所は創業から38年の歴史がある地主専門の会計事務所で、長く私の仕事上のパートナーで、地主である実家の顧問事務所だ。

そのときにふと、私は以前から気になっていたことを尋ねてみた。

「そういえば、〝相続が3代続くと財産はなくなる〟とよく言われていますが、そういう例を見たことがありますか？」

この言葉は、相続税が高いことを表すものとして近年よく聞かれるようになったが、どんな根拠があってそう言われるのか、果たしてそれは事実なのか？　それはずっと気になっていたことだったのだが、実際に確かめたことはなかった。

「そういえば、ないですね。調べてみましょう」

すると翌日になって、具体的な試算結果が送られてきた。

20ページの図はこの試算をまとめたもので、祖父の財産は10億円、各世代にきょうだいが2人いると設定している。この図によれば、**10億円の資産が父に、そして本人に子どもに、と相続が3代続いた場合、資産は6400万円まで減ることになる。**

一体なぜ、ここまで大きく減ってしまうのだろうか？

これには、**「3代の相続」といっても、実際には6回の相続が発生している**という事情がある。

図では、祖父・父・本人には妻と子どもがいると設定している。この妻と子は全員「法定相続人」。つまり、**「3代の相続」であっても6回の相続が発生している**わけだ。そのため、10億円あった資産でも最初の相続で3億3000万

相続が3代続くと?

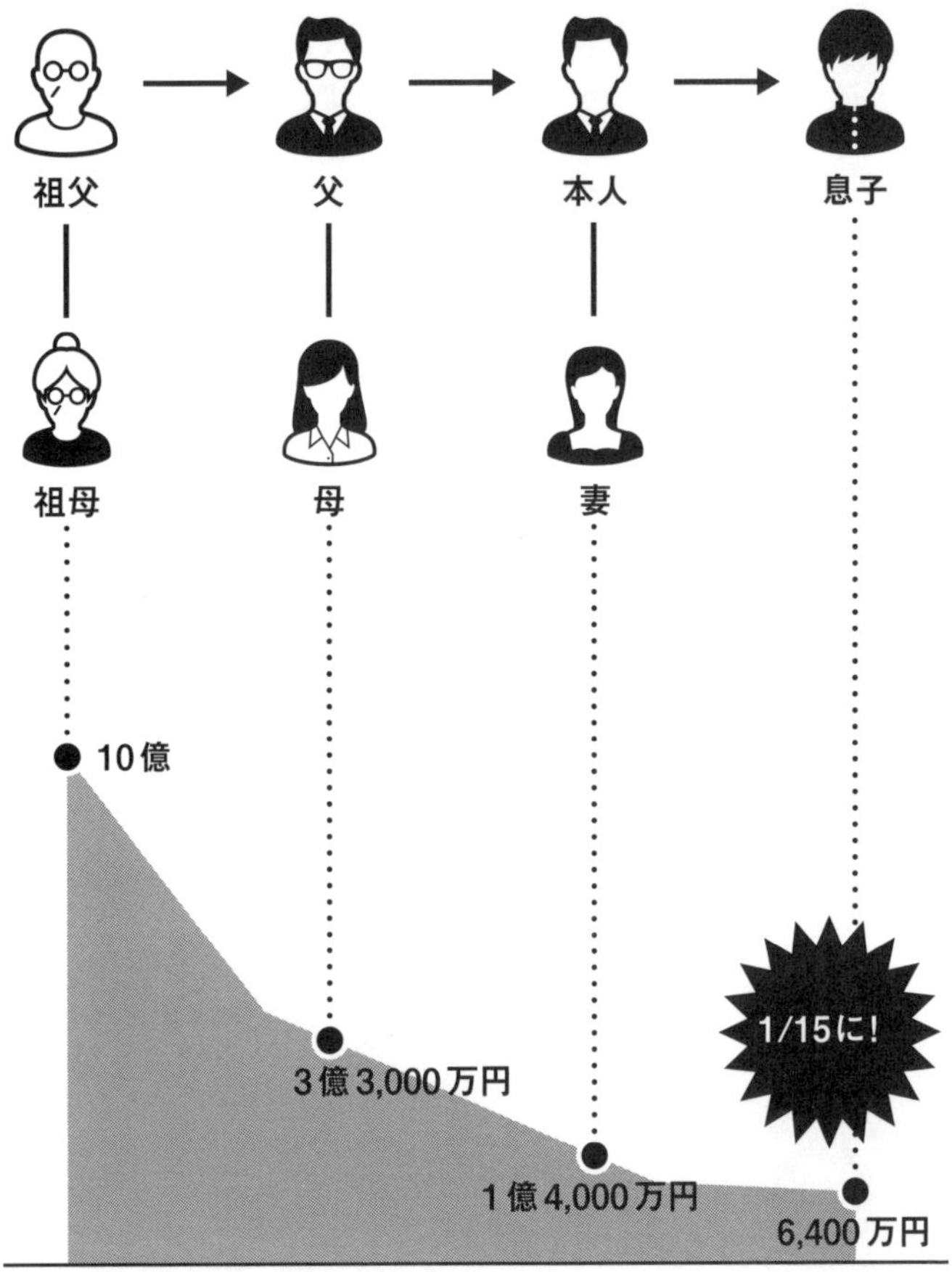

※子どもが2人の場合

各国の相続税率は?

国	最低税率	最高税率	税率の段階
日本	10%	55%	8段階
アメリカ	18%	40%	12段階
イギリス	40%	40%	一律
ドイツ	7%	30%	7段階
フランス	5%	45%	7段階
韓国	10%	50%	5段階
シンガポール	なし	なし	ー
オーストラリア	なし	なし	ー

円にまで一挙に減り、3代の相続を終えた時点では6400万円になっている。

加えて、先に述べたように**日本の相続税が高い**という要因もある。2023年現在、相続に対する最高税率は、6億円を超えた部分に対して最大55%。これは世界でもトップクラスの高さだ。

3代の相続でも実は6回の相続が発生している。加えて、そもそも相続税が高すぎる。

これが、「3代で相続で資産がなくなる」といわれる現実だ。

土地の活用には、俯瞰的な見方が必要

こうした背景から、相続が3代続けば、たとえ10億円もの資産があってもなくなってしまう可能性は非常に高い。

ただし、これは何も対策をしなかった場合の話で、**資産に対する考え方を変えて行動すれば、必ずしもそうとは限らない**と私は考えている。

その具体的な方法を説明するにあたって、まずは、左図を見てほしい。

アパートローンの金利は、1990年前後はバブル期のアパートローンの変動金利は8％を超えていたが、バブルが崩壊して一挙に下がり、2023年3月現在は1％を切っている状態である。地価は、やはりバブル期よりも大幅に下がっているが、家賃相場はほとんど変わっていない。

バブル期以降のアパートローン金利・住宅地の平均価格・賃貸住宅家賃の推移

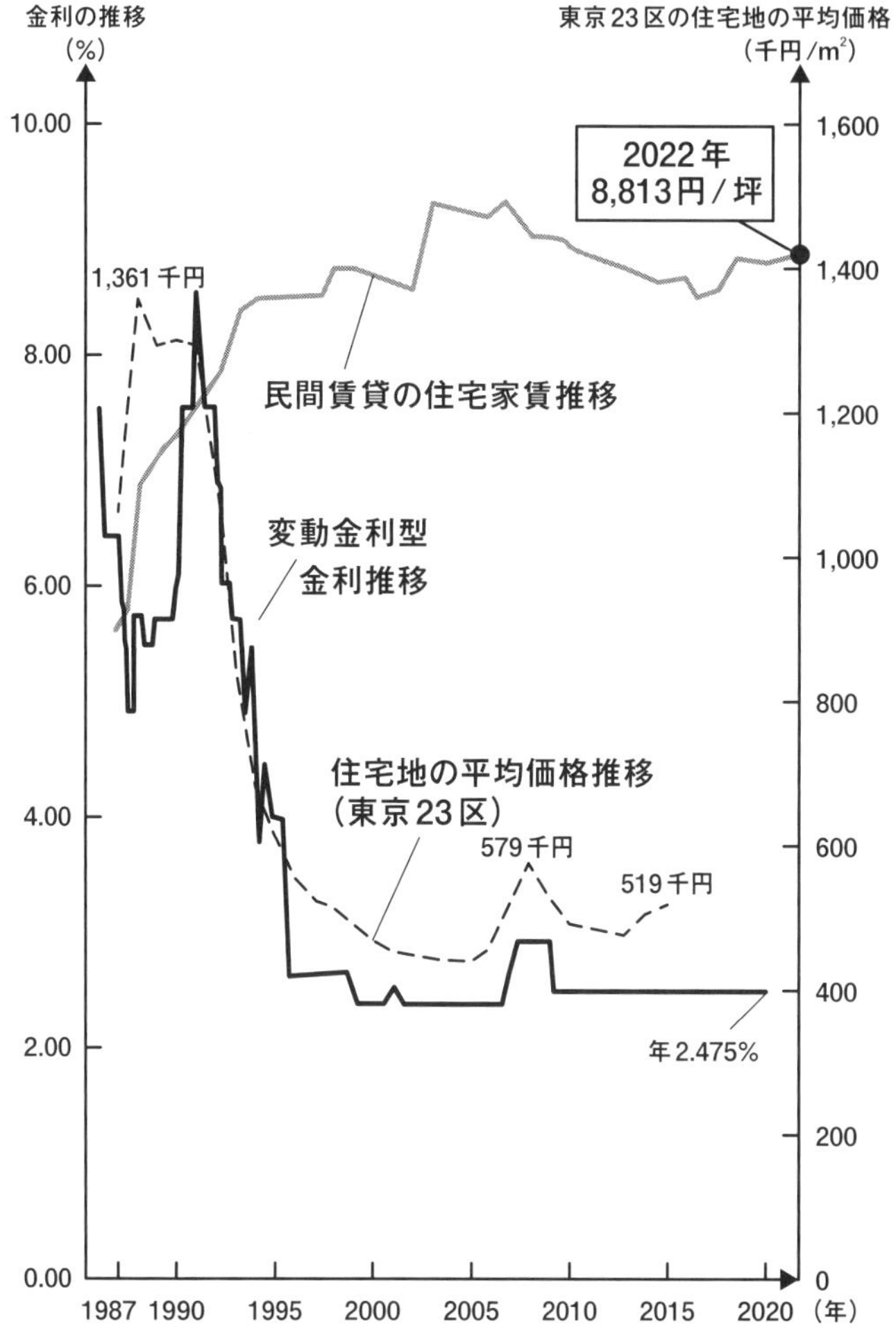

低金利で土地が安い現在は、土地を購入して賃貸物件を建築するというのが成り立つが、これはバブル期には成り立たなかったことだ。しかしコロナショックが起こってからは建築費が高騰し、事業性が低くなりつつある。

土地を活用するときには、一面だけを見て判断するのではなく俯瞰的に状況を見て判断する必要がある。これらのグラフからは、そんなことが読みとれるのではないだろうか。

物事にはさまざまな見方がある

さらに視野を広げてみよう。次は26ページの図を見てほしい。

図の通り、ここ最近の日本の物価は上がり続けていて、消費税もたびたび上がっている。しかし個人の収入はあまり上がっていないので、「生活者が体感している物価＝体感物価」は非常に高い状態。バブル崩壊後の大卒男性の初任給は平均して19万3００円だったが、30年近く経った２０１９年では、21万２８００円と、たった12％しか上がっていない。

その中で社会保険料は増え続けていて、所得控除は減っている。つまり実質の手取り額は減少し、例えば「２０１２年に年収１０００万円の人」は、２０２０年には手取りが約60万円も減少していることになるが、具体的には第

社会保険料の料率の推移

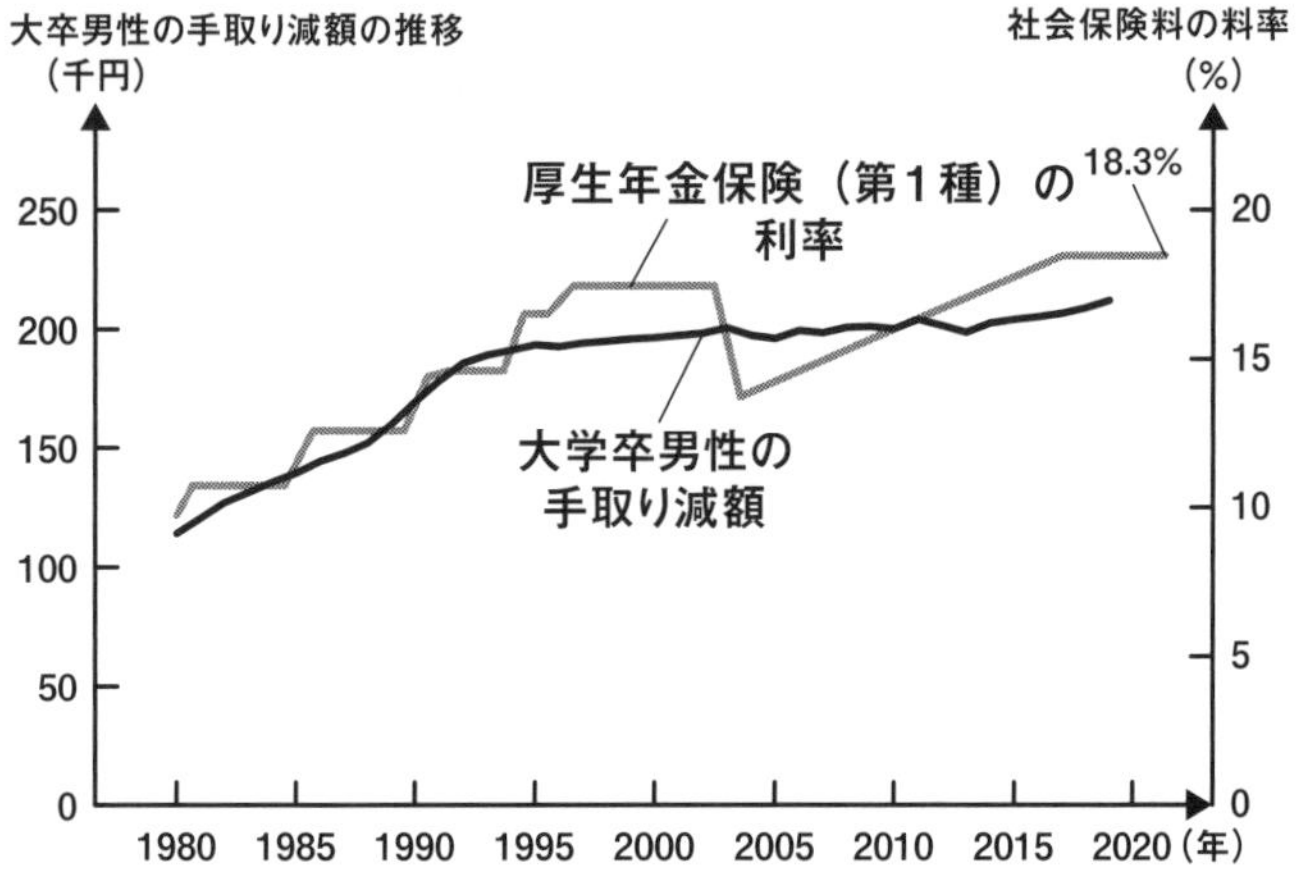

「体感物価」と消費者物価（CPI）、名目賃金の推移

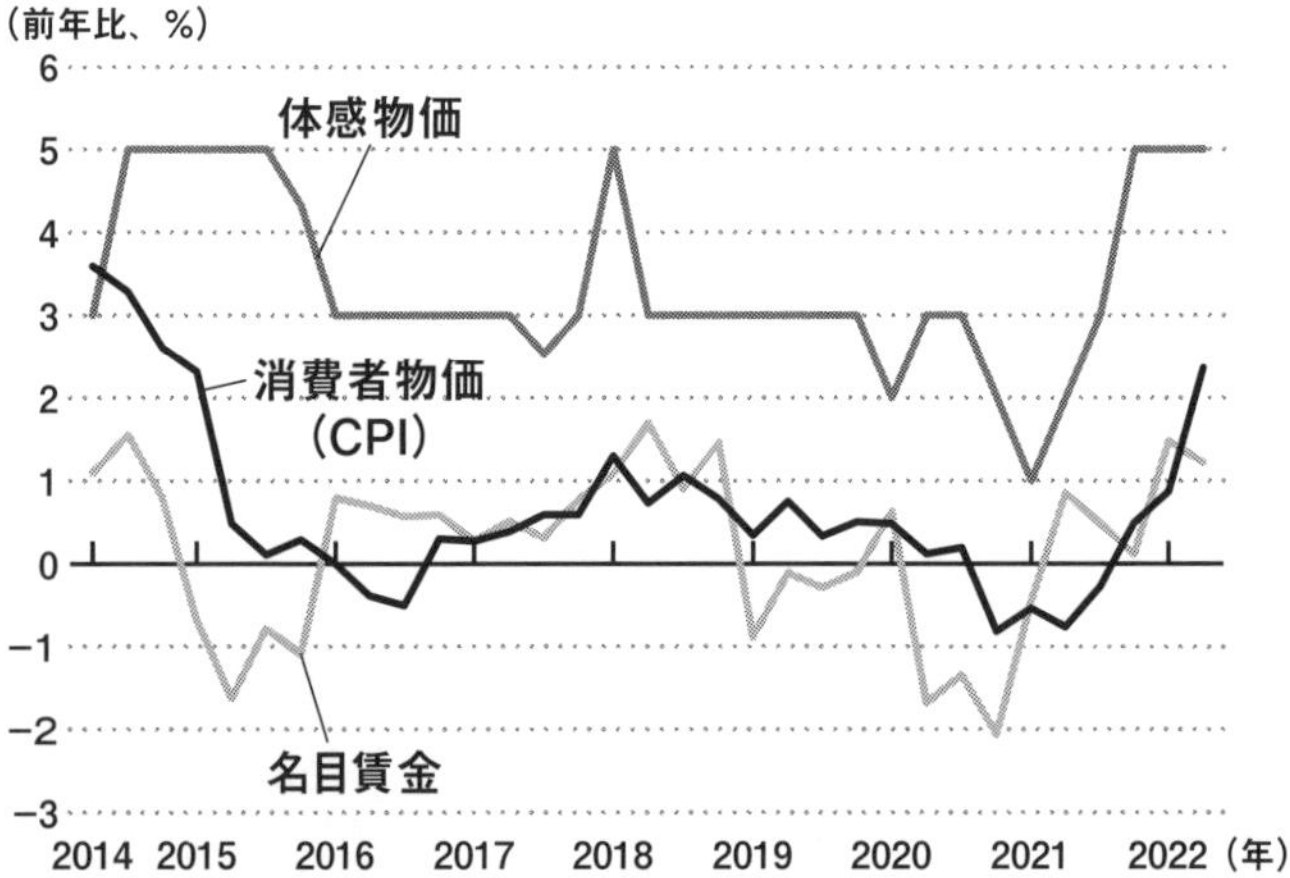

出典：みずほリサーチ&テクノロジーズ

2章で説明しよう。

増税や社会保険料の増加はたびたびニュースになるけれど、結果としてここまで大きな差がついていることに気づいている人は、あまりいないのではないだろうか？

社会や経済は、さまざまな要因が絡み合って動いていて、そのときどきの時代背景によっても大きく異なる。

例えばアパートローン金利が1％の今、土地を買って賃貸物件を建てたら、長期低金利でローンを組めるので十分に収支が成り立つだろう。けれどバブル期なら地価が高く、しかも金利は8％。収支が成り立つとは思えない。

前項の話で言えば、「アパートローンの金利が低いから、今が買い時だ」と考えても、他の要因を見て「やめておこう」という結論に至ることもある。**ある判断を下すためには、物事の一部分だけを見るのではなく、俯瞰的に見る視点が必要だ。**

同じ物事でも、違う視点からは見え方は変わる。この「物事を局所的に見るのではなく、俯瞰的に見て判断する」というのは、地主に必要な力のひとつだと私は考えているが、これについては第2章で詳述しよう。

資産を守るために何が必要か？

ここで、「はじめに」で挙げたアパートを2棟建てることを決断できなかった地主の方のエピソードを思い出してほしい。

こうした話は多く聞くのだが、この例からはいくつかの教訓が得られるように思う。

ひとつは、**地主に限らず経営に関わる人には、世の中の流れを見る力が必要である、**ということ。私は、地主には「経営」――「経＝経理」と「営＝営業」の観点が必要だと考えていて、この「経営」という感覚については第2章で詳しく話していくが、先の地主がアパート建設を決めた時点で、アパートローンや建築資材の価格がこのまま上がり続けるだろうことはある程度分かっていた。そう考えると、やはり先に決断しておいたほうがよかったのではないだろうか？

つまり、**自分の印象や感覚を頼りにするのではなく、世の中全体の動きを見て考えてみること。**それが大切で、そうすれば「現在の状況」は、また違った未来に繋がっていくのではないだろうか。

また、**地主には決断する力が必要である、**ということもいえると思う。先の地主は決断を先送りにしてしまったわけだが、早く決断すればもっとよい選択ができたのではないだろうか？

ただし、決断を先送りすること自体は別に悪いことではない。多くの地主の皆さんは、そのような重大な決断を迫られる機会はあまり持たないのだからすぐに決断ができないのは当然だ。

決断するのは難しい。しかし、ひとりで決断する必要はない。大切なのは**「誰と決断するか」**で、それによって**資産を守る方法の選択肢はより増えていく、**

と私は考えている。

もうひとつ思うのが、**地主はもっと人を頼ってもいいのではないか、**ということだ。

例えば、地主には「世の中を見る力」が必要だが、住宅ローンや建築資材などは専門的な話なので、それらすべての動きに精通するというのは現実的に難しい。世の中には、士業や金融機関、不動産会社などさまざまな専門家がいるが、私は、地主の皆さんがそうしたプロフェッショナルに直接、その都度相談する必要はない、と考えている。つまり、**どの問題をどのプロフェッショナルに相談すればいいのかを総合的に判断してくれる人をパートナーに選べば、よりよい選択ができるのではないだろうか？**

また、こうした**プロを頼ってアドバイスを受け入れる素直さも必要**で、私の感覚では、「専業地主」には周囲のアドバイスを受け入れないタイプが多いようだ。人を頼らない、アドバイスを素直に受け入れにくいのは、過去に土地のことでだまされた経験を持つという要因があるのではないだろうか。

　過去にだまされた経験がある地主の方々も多いと思うが、実際に地主をだまそうとする悪い人々がいたという残念な事実はある。具体的には第2章で詳述するが、こうした経験を持つ地主の方であれば、土地についてアドバイスをする人を信じられずに変化を敬遠して現状維持を続けたくなるのは、仕方がないのかもしれない。

地主と税理士の関係性

「人の力を頼る」という話で言えば、すでに自身の土地や資産を守るためのパートナーがいるという地主の方は多い。例えば、税理士や弁護士、金融機関や不動産会社など、特に「代々お願いしている税理士がいる」という方が多いのではないかと思うが、ここですこし考えていただきたいことがある。

まずは税理士について。税理士は、相続や節税などの面でとても頼もしいパートナーだ。しかし私は、時折**「頼んでいる税理士は、何も提案してくれない」**という相談を受けることがある。

こうした不満を抱く方は、**おそらく「こうすればもっと節税できる」といった提案を期待しているのではないだろうか？**

そもそも、**税理士の専門は「税」**。具体的には、税務申告書の作成や税務申告に必要な決算書の記帳、年末調整などの業務がメインとなる。

節税の提案をするには金融や不動産の知識も必要となるが、多くの税理士にとってそれらは専門外。現に、税理士試験の科目には不動産に関する内容はまったく含まれておらず、あくまで法人税法、所得税法や相続税法などの税法が主となる。それに税理士が普段関わるのは基本的に中小企業で、融資については事業資金に関することが多いという事情もあるだろう。

日本の全人口から言えば地主というのはごく少ない割合で、「地主専門」の税理士事務所はこれまでは少数派だった。しかし「地主の参謀」としての私の経験から、地主の資産防衛を扱う税理士事務所がここ十数年で増えた印象があり、地主の皆さんにとって、よい環境が整いつつあることを感じている。

税理士で言えば、私がコンサルティングをしているクライアントで、築30年のビルを所有する高齢の専業地主の方がいる。この方の資産で最初に気になったのが納税額の多さで、その額は年間約1000万円。この地主の方は法人を保有していたが、あまり活かされていないように見られた。

そこで私は、法人を活用すればこの納税額は大幅に圧縮できるのではないかと考えて検証すると、年間の納税額をおよそ700万円は圧縮できることが分かりすぐに実行した。これは約10年前の話なので、**現在までの圧縮額を計算すれば合計7000万円ものコストが下がったことになる。**

それでは、なぜこの地主の方が任せていた税理士は、ここまで効果の大きい節税方法を提案しなかったのだろうか？

それはおそらく、この方の専門領域が不動産ではなかったからではないだろうか。

ほかにも、私の実家の話になるが、借換えの期間を延ばして年間の支出を大きく下げたことがある。このように、税金と借入とどのように付き合うかで、経営状況は大きく変わる。あまり知られていない手法だが、借換えの期間を延ばせるかどうかはそれぞれの金融機関の特性によっても異なるので、1〜2行に打診して断られるとそのままあきらめてしまうケースが多い。つまりこれは、お金のことや不動産のプロだからこそ実行できる手法といえる。

こう考えると、「頼んでいる税理士が何も提案してくれない」という不満は、やや見当違いなのではないだろうか、と私は感じている。

地主と銀行の関係性・その1
――「銀行は安心」は本当か？

税理士のほかにも、銀行に資産の相談をしている地主の方は多いと思う。中には「父親や祖父の代から付き合っている」という方もいるだろう。

しかし税理士の話と同様、**銀行の専門はあくまでお金のこと。**税のことは税理士が、不動産のことは不動産会社が専門なのだから、資産のことを何でもかんでも銀行に相談するというのは少し違うのではないか、と私は考えている。

近年は、銀行が投資信託など金融商品を積極的に販売しようという動きもある。

そもそも銀行、特に地方銀行は「周辺地域の繁栄」が目的で、第一に優先すべき「銀行の利益」よりも「顧客の利益」。具体的には、**周辺の住民や企業か**

ら預金という形でお金を集め、できるだけ低金利で住民や企業にお金を貸す。そして地域を活性化させていくというのが、事業の基本的なスキームである。

ところが1990年初頭にバブルが崩壊して以降低金利が続き、現在では比較的安定して利益が得られるとされる住宅ローンでも、1％以下の超低金利という状態。顧客の利益を優先する銀行ではあるが、利益を得られなければ存続できない。これは非常に深刻な問題だ。

そんな銀行の動きがうかがえるような、あるエピソードがある。

私のクライアントのある地主の方は、所有する不動産を売却して新たな不動産を購入しようと決めた。売却が成立して数億円のお金が銀行口座に入り、そのお金をほかの銀行に移そうとしたところ、銀行の担当者から電話がかかってきた。出てみると、「このお金をすべて他行に移すのはやめて、うちの金融商品を買ってくださいませんか」とのこと。

この方が「使い道は決まっている」と説明してもなかなか納得してくれな

かったそうだが、この話は、最近の銀行の思惑を分かりやすく表しているように思う。

そもそも、多くの日本人は「銀行は安心」「お金は銀行に預けていれば間違いはない」と考えているのではないだろうか。特に1971年以前に生まれた団塊ジュニア以前、いわゆる「昭和世代」にはこう考える人が多いと思う。

その大きな理由は、ひとつはバブル崩壊までの定期預金の金利がとても高かったということがある。

1990年代初頭、定期預金の金利は6％。ずっと預けていたら、約12年で2倍に増えることになり、現在ではとても信じられない水準だ。そしてもうひとつ、かつては預金の全額が政府の特別措置によって保護されていたという理由もあるだろう。

ただお金を預けているだけで利回りが6％もあり、しかも絶対に元本割れしない。そんな夢のような条件の投資方法は、残念ながら今の日本には存在しな

い。

２０００年代に入り、状況は一変した。２００２年４月１日から普通預金や当座預金などの元本と利息以外は保護されなくなり、２００５年４月１日以降はペイオフが全面的に解禁され、政府による全額保護が撤廃された。

「ペイオフ」とは、預金者に対して預金保険機構が直接保険金を支払う方式のことだ。この仕組みのもとでは、私たちが銀行へ預金をすると預金保険機構を含めた三者の間で自動的に保険契約が成立したことになる。

つまり、もしも取扱金融機関が破綻しても、ペイオフによって預金は保護されるが、保険金の上限は「１金融機関１預金者当たり元本１０００万円まで」と「その利息」と決められている。**預けている額が1億円であっても2億円であっても、1000万円を超える元金および利息分は戻ってこない**。すなわち、**「銀行にお金を預けていれば安心」という時代は、すでに過去のこと**なのである。

地主と銀行の関係性・その2
——「Win-Win」の関係を築く

さらに、銀行の基本的なビジネススキームについて考えてみよう。

銀行は、私たち一般人や企業から預金という形でお金を集める。それを一般人や企業に貸して金利を得るというのが基本的なスキームで、これはつまり、**私たちはお金を銀行に預けているのではなく、貸しているという立場にある**ということを指す。

このビジネスによって銀行は利益を得ているわけだが、それでは銀行は、どのくらいの利益を得ているのだろうか？

2023年1月現在の定期預金の金利は0・002％程度。一方、銀行が一般人や企業に融資する際の金利は2％程度で、実に1000倍の差がある。

ここで仮に、銀行ではなく一般企業があなたから1000万円を借りて、それを誰かに融資することで2%の利益を得ていたとしたら、一体どう感じるだろうか？

今後の日本で預金の金利が大幅に上昇するとは思えない以上、地主の皆さんは、**銀行にお金を預けていてもメリットはあまりないということをしっかり理解しておいたほうがいいのではないか、**と私は思う。

そして、**世の中の大きな変化や新しいルールを認識することが大切ではないか、**とも。

ただし、金利が安いということは、「預ける側」にはメリットはなくとも、「借りる側」として考えれば嬉しいことだ。そう考えると、**地主の皆さんは銀行を「お金を預ける場所」ではなく、「お金を借りる場所」として認識する。そしてその考えのもとに不動産投資などを行って現在の資産を有効活用し、銀行は地主にお金を貸すことで利益を得る**——このような関係性を保てばいいの

究極のビジネスモデル

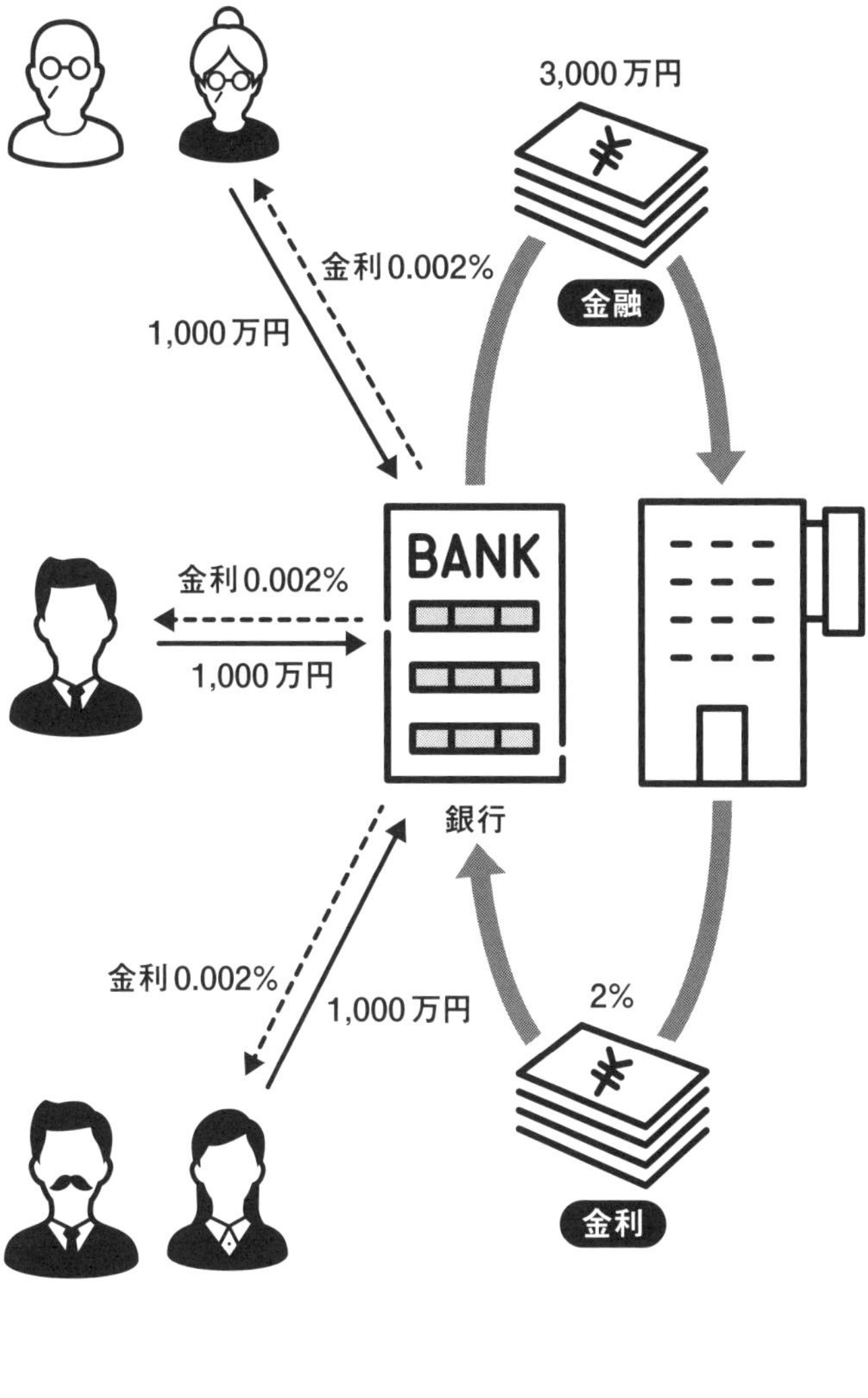
3,000万円
金融
金利0.002%
1,000万円
BANK
金利0.002%
1,000万円
銀行
金利0.002%
1,000万円
2%
金利

ではないだろうか？

これが地主の皆さんと銀行の本来の関係性であり、まさに「Ｗｉｎ－Ｗｉｎ」の関係性といえる。それに、銀行に対する意識をこのように変化させれば、銀行との付き合い方を見直すきっかけになるかもしれない。

地主の皆さんは、銀行を「お金を貸すプロ」「お金のことで頼れるパートナー」と捉える。

そのうえで銀行に「相談すべきこと」を決める。

このような意識の変化が必要だと私は考えている。

地主に味方はいるのか？

また、**ほとんどの地主の皆さんには、総合的に資産やその家のことを考えてくれる味方がいない、**という問題があるように思う。

税理士の場合、不動産に詳しい方もいるが、その方が建築や融資のことまで詳しいとは限らない。建築家であれば「この建物はあの建築家の作品だ」というように作品からその方の特色が分かるものだが、例えば、税理士の方が作成した申告書などを見る機会はないし、見ても差が分からないというのが実情だ。また、士業の場合は提供するソリューションは税制や法律といった「既存のルール」の上にあり、**過去の事実から最適解を判断する力**に卓越したプロフェッショナルといえる。ただし、地主が資産を守るためには、「資産を守る」

というゴールのためにどう行動すべきか、**未来のビジョンを実現するための道を描く力**も必要なのではないだろうか？

いわば士業はスペシャリストで、経営者やコンサルタントはゼネラリスト。**「地主の資産を守る」という同じ役割であっても、専門性も使う脳もまったく違う**、と私は考えている。

スペシャリストで言うと、ある分野の専門家でもその中に得意な分野もあれば苦手な分野もあるだろう。私自身、コンサルティングのパートナーとしては地主専門の会計事務所に、会社の税務のパートナーとしては中小企業専門の税理士に依頼しているし、弁護士は不動産関連、法務、ＩＴといった得意分野ごとにパートナーがいる。

同じ「医師」という職業の人であっても、内科と外科とでは必要とする知識も治療内容も大きく異なる。内科の先生に心臓手術を依頼する人はいないように、税務や法務でも同じことがいえるのではないだろうか？

実情として、地主の皆さんのほとんどがこうしたスペシャリストと直接やりとりしているが、**自分の現状を俯瞰的に見てゴールへの道筋を引く「参謀」的な存在が必要**だと私は思う。つまり、**資産や家のことをすべて相談できる相手をつくり、その参謀が各スペシャリストをチームとして編成する、**ということだ。

もちろん人と人の関係性である以上、合わない人と出くわすこともある。ゆえに「地主の参謀」である私と必ず合うとも限らないだろう。ただ言えるのは、**地主の皆さんが資産を守るために、現状を把握してどう行動すべきかを共に考えてくれる参謀とチームが必要なのではないだろうか。**

地主に求められる3つの力

私は、これからの地主には次の3つの力が必要だと考えている。

①人を見極める力

地主は、先に挙げたように税理士や弁護士などの士業の協力者はもちろん、銀行担当者やコンサルタント、不動産管理会社など、さまざまな分野の専門家と関わることになる。だから**どんな人をパートナーに選ぶべきか、その都度の問題をどのパートナーに相談するべきか、見極める力が必要**ではないだろうか。

そして大切なのは、**それぞれの実績を見て、高い能力を備えているかを見定めること。**人物を見極めるというのは非常に難しいことで、料理のように味や見た目で判断することはできない。しかし地主には、高い洞察力や経験を持って、付き合う相手が信頼に足るか否かをしっかり判断することが必要だ。

そこで**必要なのは、地主の方々が各分野のプロを自分で選んでそれぞれに任せるのではなく、「資産を守る」というゴールを共に考えてくれる専門のコンサルタントを付けること。**そうすれば、地主の未来は確実に変わっていくと私は思う。

②時代の流れを読む力

ここで再び、「はじめに」で挙げた地主の方の話を思い出してほしい。

この地主の方が2棟目を建てようと決めるまでに、タイミング悪くウッドショックというイレギュラーな事態が起こり、2回にわたって建築資材は高騰。しかしそれがなくとも、ローン金利や建材価格はもともと上がり続けていたのだから、やはり先に決断しておいたほうがよかったのではないだろうか？

私は、地主には**「時代の流れを読む力」**が必要だと思う。時代がどう動いているかを考えていれば、この地主の方も、違った決断をしたのではないだろうか。

加えて、もしもこの地主の方に「経営」という意識があれば、土地を最大限効果的に活用するにはどうすればいいかをもっと真剣に考え、違う結論を出したかもしれない。けれど、多くの地主の方々はこの「時代の流れを読む力」に乏しく、「現状維持」を続けているというのが実情のように感じられる。

だからこそ、本書を読んでいる地主の皆さんには、これをきっかけに「時代の流れを読む力」をぜひ身につけていただきたいと思う。

③決断する力

再び先の地主の方の話で言えば、この方には2棟まとめて契約できない具体的な理由は何もなく、利回りにも手残りにも納得して融資審査も通っていたが、「2棟同時に契約するのは不安だから、半年くらい時間をかけて考えたい」ということだった。この「半年」という設定に特に理由はない。けれど、この半年という期間は「何も生み出さない期間」となってしまう。

私は、「契約する」「契約しない」のどちらであっても決断することが重要で、そうすればなんらかの結果に結びつき、経験を積むことができる。

私の経験上、ほとんどの地主はこの「決断する力」に乏しいように感じている。中には、「売ろうかと考えたが、妻が不安がっている」「息子が反対している」「死んだ祖父が売るなと言っていた」というように、決断しない理由を他人のせいにする方にも会ったことがあるが、これは決断できない自分を正当化しようとした言い訳にすぎないのではないだろうか。

すこし厳しい言い方だが、このような**他責思考を捨て去ること、そして決断する力と強さが、地主の皆さんに求められている、**と思う。決断を先延ばしにしても、当面困ることはないかもしれない。けれどいずれ行き詰まることは明らかだ。

そもそも「決断」という言葉は、辞書では次のように定義されている。

【決断】
①心をはっきりと決めること。きっぱりと断を下すこと。
②事の是非、善悪、正邪などを判断し裁決すること。
（精選版 日本国語大辞典より）

私は、「断」という言葉が使われているのがポイントだと考えている。何かを決める、どの方法をとるかを選ぶことは、他の選択肢を断つということだ。私はこの言葉に、**「他の選択肢を断ち、決めたことを全うする」**という一種の強さを感じている。

また、私は決断の速度によって得られる情報の質に差が生まれるのではないか、と思う。決断が遅い人には有益な情報は届かないが、決断が早ければ早いほど情報がどんどん入ってきて、結果として質の高い情報を得られる。その都度の決断を先送りせず真摯に向き合うことで情報が引き寄せられ、よい循環が生まれるのではないだろうか？

ただし先に述べたように、地主の方々がひとりで決断を下す必要はない。資産を守るためにはさまざまな専門知識が必要だ。本章でたびたび述べてきたように、資産を守るためにどうすべきかを共に考えてくれる「参謀」ともいえる存在も必要となるが、本書をお読みの地主の皆さんにはまず、この「決断」の大切さを知ってほしい。そして、結果として決断の質を高めていく、本書をその機会としていただければ嬉しい限りだ。

＊

本章を通して、地主の皆さんを取り巻く実情や資産を防衛するために必要となる3つの力について、すこしずつ実感いただけたのではないだろうか。

次章では、この「3つの力」を、「経営」という視点から、もうすこし具体的に掘り下げていきたい。

第2章

地主と経営

なぜ、地主に「経営」という観点が必要なのか

私は、**地主は中小企業経営者と似ている**、と考えている。

「経営」という言葉の成り立ちを考えたことがあるだろうか？　「経営」とは「経理」と「営業」のそれぞれの頭文字に由来し、前者はお金に関する事務処理、後者はお金を増やすための行為。経営者であれば当然、この2つの力を備えていなければならない。

地主の皆さんにとっても、この「経理」と「営業」という視点はとても重要だ。**「経理＝お金をまわす」**、そして**「営業＝お金を増やす」**という意識で自身の資産を活用すること。資産を守るためはこの視点が大切だと私は思う。

「お金を増やす」という話で言えば、私のクライアントで500坪の土地を所

有する地主の方がいた。土地を売却しようとしたのだが、**不動産を売るときには、その価値をいかに高められるかがポイントとなる。**価値を高めるにはどうするか、**そこで必要となるのが買主の視点に立って考えるということだ。**

土地を購入する立場に立てば、その土地の地盤は気になるものだ。軟弱地盤であった場合はマンションを建てるなら地面から強固な岩盤まで届く杭を打たなければならないし、一戸建てを建築するにしても、やはり地盤改良工事が必要になる。

そう考えると、たとえ調査費用はかかっても地盤調査を行っておけば、買主の不安を払拭できる。結果として、この不動産の価値が最大化するといえるのではないだろうか?

実際に、築30年のテナントビルを売却しようとした地主の方で、耐震性や劣化具合を調査するのに数百万円ほどの費用がかかったというケースもある。数百万円というと相当な支出と思えるかもしれないが、調査によって耐震性や品質が証明できれば不動産の価値がより高まることになる。

多くの地主の皆さんは売主の視点でしか考えないものだが、このように**同じ物事でも立場を変えれば見方は変わる。**

例えば、ここにペットボトルがあるとしよう。ある角度から見るとバーコードが見えるが、ある角度から見ると商品名が見える。物体は同じでも、視点が違えば見え方は大きく変わり、**売主側からの視点で考えるのではなく買主側の視点で考えれば、どう決断するかも変わっていく**だろう。

可処分所得の減少が意味するもの

「可処分所得」というのは、収入のうち税金や社会保険料などを除いた所得で、要するに手取り収入のことである。第1章で述べた通り、日本人の可処分所得は年々減少している。

ここ20年間を振り返ると、2000年に介護保険制度がスタートし、2003年には社会保険料が増額。2010年には子ども扶養控除が縮小・廃止され、2014年と2019年には消費税の増税。このようなたび重なる制度変更によって、私たちの負担は増している。

60ページの図は、2011年以降の可処分所得の減少要因を表している。年収1000万円の人の可処分所得を2011年時と2020年時とで比べると、2020年には子ども手当の整理・縮小、社会保険料率の引き上げ、消費税率

国民の負担は増加している

年収1,000万円の場合　　手取り　60万円減

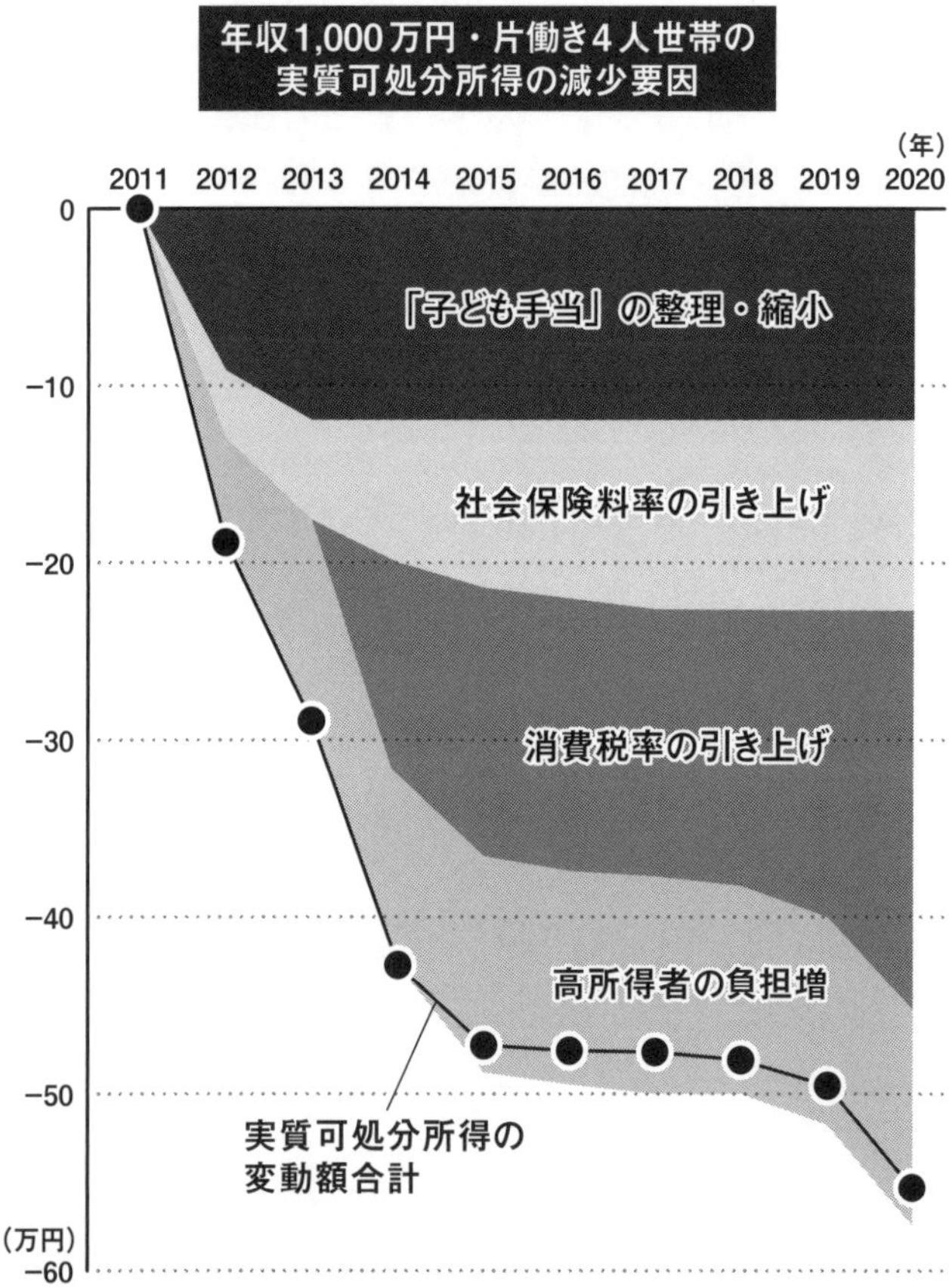

の引き上げ、高所得者向けの負担増などにより、可処分所得が約60万円も減少していることになる。

制度変更の中でも特に影響が大きいのが、消費税の増税だ。

日本経済新聞の資料によれば、一般的に裕福と見られる年収１０００万円の世帯の消費税負担額は、２０１４年３月の５％時までは年間約17万円。それが２０１９年10月に10％に増税されてからは32万円となり、年間15万円も自由に使えるお金が減ってしまっている。

２０２３年に入ってからも、防衛費の増額など負担増の話はとどまるところを知らず、このような時代の流れを拒むことはできない。

ここで重要なのは、**世の中がかくも大きく変容しているということ。**そして**そのような状況では、これまでと同じ方法はもはや通用しない、**ということだ。

1世帯当たりの年間消費税負担額

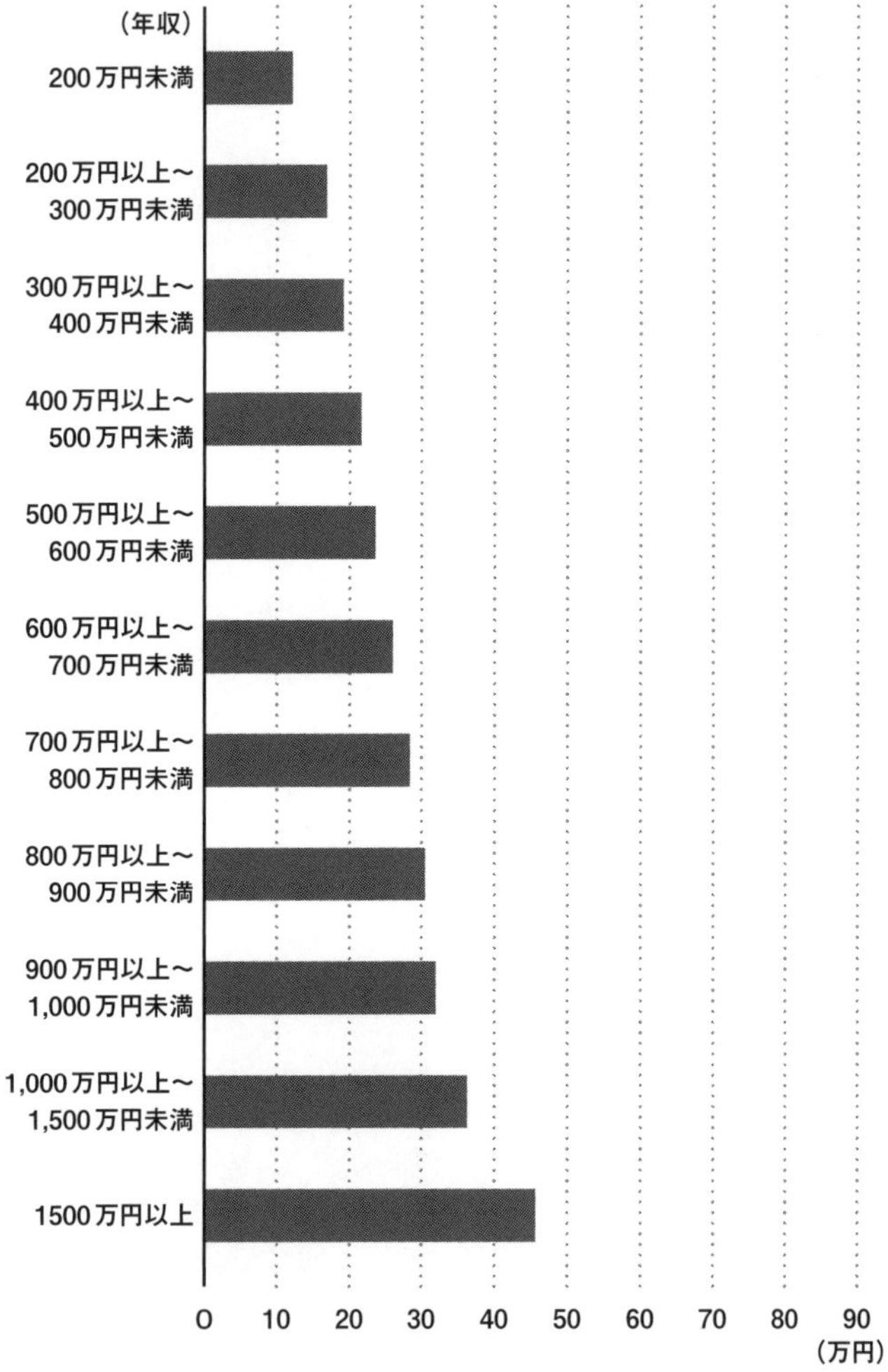

（年収）
200万円未満
200万円以上～
300万円未満
300万円以上～
400万円未満
400万円以上～
500万円未満
500万円以上～
600万円未満
600万円以上～
700万円未満
700万円以上～
800万円未満
800万円以上～
900万円未満
900万円以上～
1,000万円未満
1,000万円以上～
1,500万円未満
1500万円以上
0
10
20
30
40
50
60
70
80
90
（万円）

将来における3つのリスク

ここで、日本人の将来に存在する3つのリスクについて、あらためて考えてみたい。

①寿命のリスク

総人口の中で65歳以上の割合（高齢化率）が21％を超える社会を「超高齢社会」というが、日本の高齢化率は2020年時点で28・5％。24・0％で2位のイタリアを大きく引き離し、世界一の超高齢社会となっている。

その要因としては、まず平均寿命が延びていることがある。

1955年の平均寿命は男性が63・60歳で女性が67・75歳。それが1990

平均寿命の推移

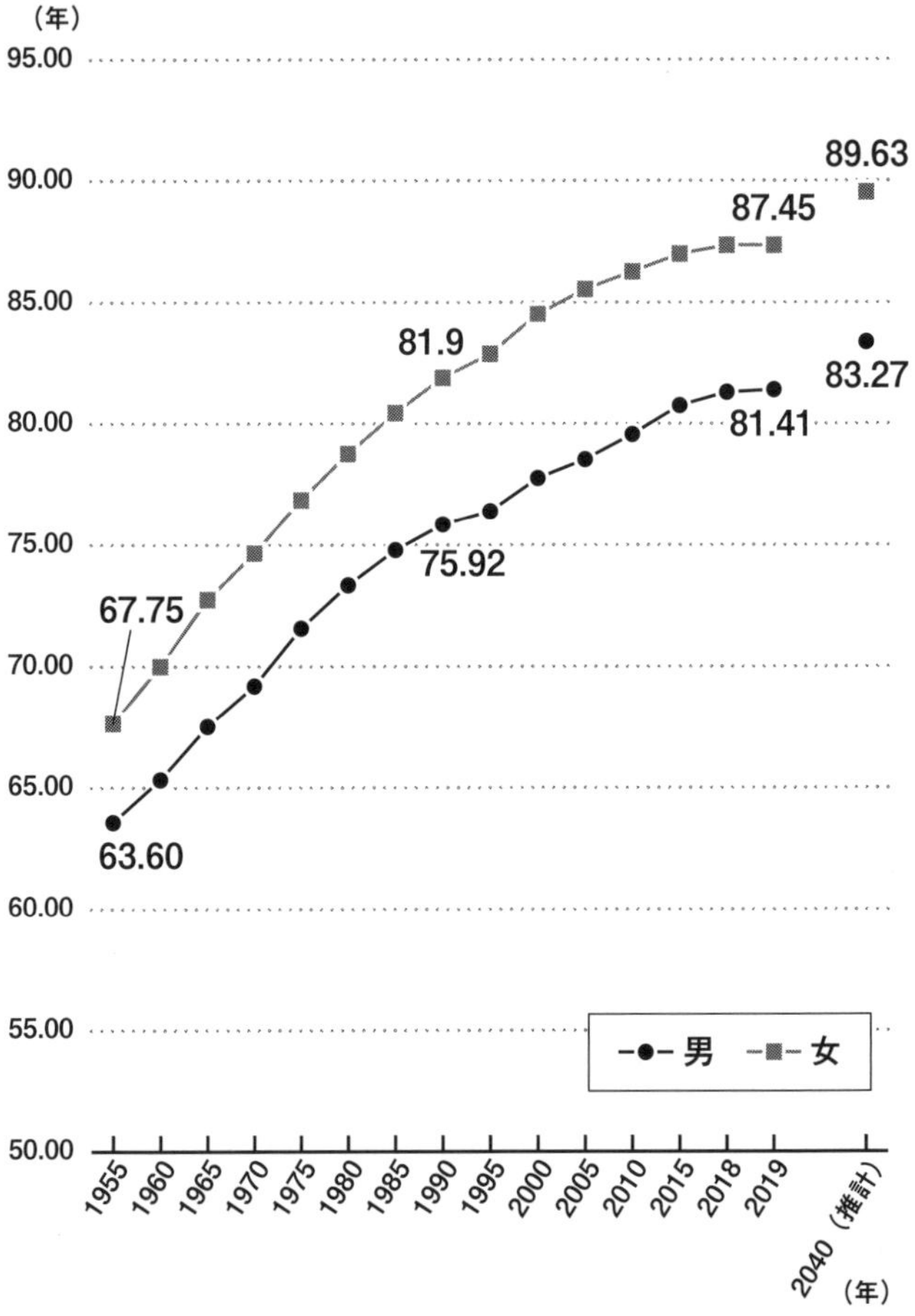

厚生労働省発表資料をもとに作成

年には男性75・92歳、女性81・9歳となり、2019年には男性81・41歳・女性87・45歳まで延びている。「人生100年時代」はどんどん近づいている。

長生きするということは、すなわち現役を退いて稼げなくなる期間が長くなっていくことを意味する。**長く生きれば生きるほどお金がかかる**のだから、平均寿命の延伸というのはひとつのリスクだといえるだろう。

②年金のリスク

かつての日本では、「老後は年金で悠々自適な生活」という言葉が当たり前に語られていた。しかし今や、その言葉を信じる人はいないだろう。

2019年の「老後2000万円問題」は、そのことを決定づけたひとつのターニング・ポイントだ。金融庁のワーキンググループは「年金受給者は、老後の30年間で約2000万円が不足する」という試算を公表した。これはあくまでモデルケースでの試算で、どの世帯も2000万円が必要になるわけではないが、年金だけで現役時代と同等の生活レベルを維持するのはほぼ無理だということは明らかだ。

そもそも少子高齢化が進み、若者が少なく高齢者が多いという人口構成では、若者が高齢者を支えるという従来の年金システムは現実的に無理がある。

ここで、公的年金制度が今後も持続可能か検証する厚生労働省の「財政検証」（最新は２０１９年）の「所得代替率」を見てみよう。これは年金を受給し始める65歳の時点の額が、現役世代の手取り収入額（ボーナス込み）と比較してどれくらいの割合かを示すものである。

夫婦２人世帯のモデルケースでは所得代替率は２０１４年で62・７％だったが、２０１９年には61・７％とやや減少。簡単に言えば、年金だけに頼った老後を送る場合は現役時代の６割程度の収入しかないということだ。

とはいえ、年金受給世代の多くは、子育てが終わり住宅ローンも完済しているので、「現役の６割しかなくとも、なんとかやっていけるだろう」と考えるかもしれない。ところが今後は、６割も受け取れない可能性が高い。政府は所得代替率を50％以上に保つと決めていて、「50％を下回る見込みの場合は保険料率の引き上げなどを検討する」としている。つまり、50％まで下がることは容認しているということだ。

また、財政検証では、経済成長と労働参加が現在のペースで進むと仮定した場合、所得代替率は２０４６〜２０４７年に50・８〜51・９％になると試算している。仮に60％で月々20万円受給していた場合、50％に下がると約16・７万円しか受け取れない。その差は３万３０００円で、これを毎月のことと考えれば決して少なくない金額だ。

老後の減収は避けて通れない。この年金の問題を、将来のリスクとしてあらためて認識していただきたいと思う。

③税金のリスク

少子高齢化と人口減少がますます加速していく以上、納税者も必然的に減少していく。こうした情勢から、消費税や相続税の増税、復興税の創設など、国民への税負担はますます増大傾向にある。

また、世界情勢の不安定化に対応するために防衛費を確保するための増税も、現実味を帯びてきている。

今後もますます税負担が重くのしかかってくることは必至で、前項で述べた通り、過去と同額の収入でも税負担が増えて可処分所得がますます減っていくことが懸念される。

「現状維持＝守りの姿勢」よりも「攻めの姿勢」

それでは、地主はこのような流れにある社会で資産を守るために、次の世代が困らないよう今よりもよい状況をつくるために、一体どうすればいいのか。

それは**「経営」を改善すること――つまり、キャッシュフローを改善して資産を増やすべく行動すること**ではないだろうか。

時間を味方に付けて経営を改善することで、選択肢も自然と増える。しかし、時間が経てば経つほど「できること」は減ってしまう。だからこそ地主は世の中の動きをしっかり読み取り、**「攻めの姿勢」**でいなければならない、と私は思う。

ここでいう「行動」とは、「土地を活用せよ」という単純な意味ではない。

前章で述べた通り、考えた末に「何もしない」という決断もあるかもしれない。ただし、目の前の問題を先送りにして現状維持を続けていては、資産を守ることはできない。

現状に固執せず行動することで事態が好転することは多々ある。例えば私のクライアントで、駅前の古い一戸建てに住む地主の方がいた。私は将来を見据えて、資産の組み替えや複数棟を建てるなどさまざまな可能性を検証し、結果的に10階建ての賃貸マンションを1棟建てることを決断された。

そして2年後、洗練されたデザインのマンションが完成。最初は空室を心配していた。しかしデザイン性の高さからこのエリアのランドマーク的存在となってすぐに満室になり、このマンションが、街が活性化するきっかけとなったのだ。

この地主の方は現状維持から脱却して行動したことで、状況が大きく好転したといえる。

このように**「今のままでいい」という考えでいると、「現状維持」のつもりでも気づいたら手取りが減っていた、**ということも十分にあり得る。**社会のさまざまなルールがかくも変化し続けている状況では、「現状維持」は後退に直結するだけだ**と私は思う。

であれば、地主の最大の武器である土地を最大限に活用して健全に経営すれば、先祖代々の資産をより豊かな形で、次世代に引き継ぐことができるのではないだろうか?

人は裏切るが、土地は裏切らない

地主の中には、「土地活用」や「収益不動産」といった言葉に対してマイナスのイメージを抱く方も多い。おそらく、原野商法や地上げなどを連想するからかもしれない。

「原野商法」とは、1960年代から80年代にかけて世間を騒がせた詐欺商法で、「リゾート開発や高速道路建設の計画があるから値上がりする」などの虚偽の説明を行い、ほとんど価値がない山林や原野を高値で販売する手法。一方で「地上げ」とは、大規模な開発をするために小さく区分けされた都市部の土地を買い取って再開発用地にしていく手法で、それ自体は悪いことではない。ただし、バブル期は反社会的な組織も加わり、強引に買い取る事例が多発して社会問題となった。

こうした背景から、土地活用や不動産投資に対して悪印象を抱く地主の方も多い。

しかし、ここで重要なのは、先の原野商法にしても地上げにしても、**悪いのはだます側の「人」であって、「土地」ではない**ということである。

当たり前だが、「土地」自体が悪さをすることはできない。むしろ**資産としての土地には、メリットがたくさんある。**

例えば、お金は盗まれることがあるが、土地は物理的に不可能だ。また、現金よりも更地、更地よりも駐車場、駐車場よりもマンションといったように、活用次第で評価額を下げることができるので、節税にも貢献できる。

さらに現金の場合、先に述べた「ペイオフ」という制度によって、1億円を預金しても1000万円までしか補償されないが、土地は1億円の価値が1000万円になるような暴落はまずあり得ない。それに、預金金利を大きく上回る値上がりも期待できる。

こう考えれば、土地は非常に安全な資産で、間違った活用をしなければ、決して裏切らない資産といえるのではないだろうか？

土地活用が地主にもたらすもの

さらに私は、**土地というものは、活用すればするほど感謝や報酬に繋がる資産**だと考えている。

例えば、更地を保持し続ける地主は多いが、更地は害虫や害獣の住処《すみか》となる可能性があり、治安や景観の悪化にも繋がるリスクがある。そのような周囲に悪影響を与える土地は、活用したり売却したりするほうが、地域によい影響をもたらすのではないだろうか。

つまり、**土地は活用すればするほど「ありがとう」の数が増えていく資産**だといえる。

更地のままでは「ありがとう」どころかクレームの対象となるかもしれない。

しかし、例えば月極駐車場にすれば契約者の数だけ感謝され、賃貸マンションを建てれば入居者から感謝されることになる。その地域に住民が増えて街に活気が出る、建物の照明や入居者の目によって治安が改善するという効果も期待できる。その結果、周辺住民から感謝されるかもしれない。

このように、**地主は土地を活用して「ありがとう」が増えるほど、得られる報酬も増えていく。**先の例で言えば、更地よりも駐車場、駐車場よりも賃貸マンションのほうが多くの収入が得られるともいえる。

だから私は、土地をどう活用しようか迷う地主には、**「地域に最も貢献する形で活用しては？」**と伝えることがある。土地はその地域に深く根ざした存在だから、**「その地域で感謝される存在であるために」**という視点を持てば、地主としての在り方を考えるひとつのヒントになるかもしれない。

また、日本の税制は、現金→更地→駐車場→賃貸マンション（建物）の順に評価額が下がっていく仕組みになっている。つまり、何もしない人ほど納税額

評価額が下がる日本の税制の仕組み

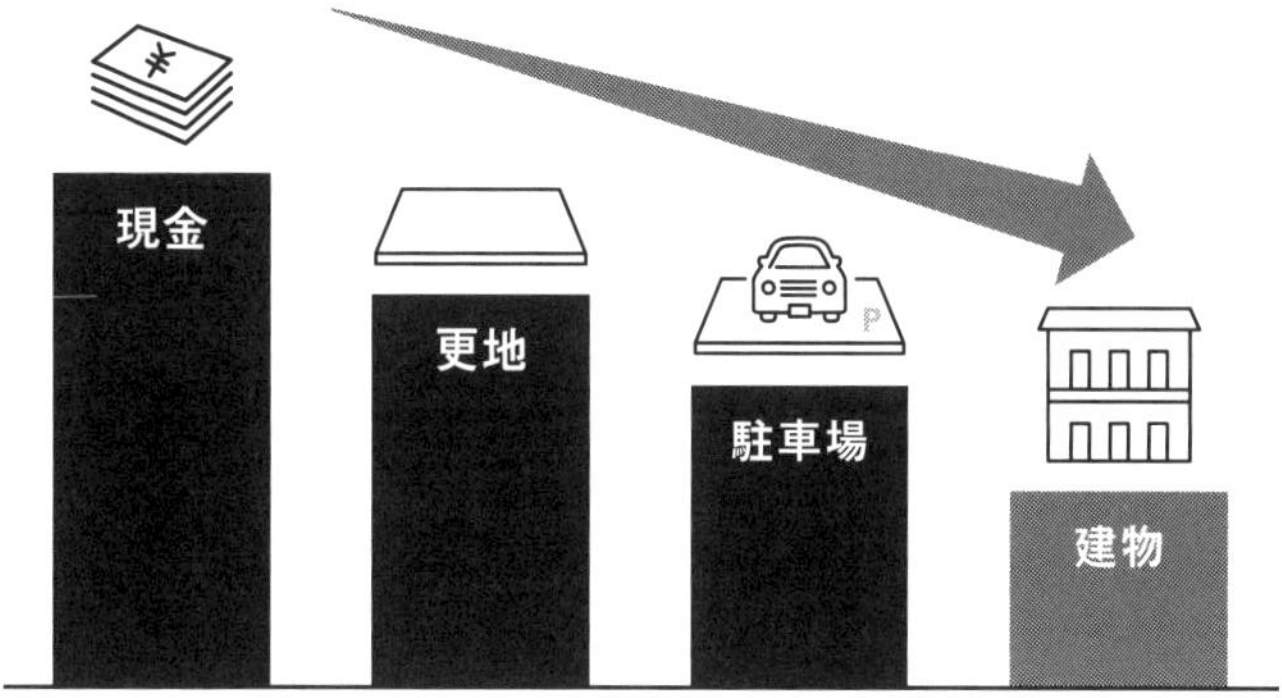

は高くなる。そう考えると、国は決断しトライしている方（地主）にご褒美をあげる仕組みを構築しているといえるだろう。

だから**土地活用とは、不動産の価値向上と地域貢献にも繋がるやりがいのある事業で、土地の用途と地域に合った活かし方をすることが大切**だと私は考えている。

＊

ここまでお読みいただいて、地主に「経営」という視点が必要であることを、すこしずつ分かっていただけたのではないだろうか？

次章では、視点を変えて「うまくいっている地主」と「うまくいっていない地主」の共通項から、地主に内在する問題点をより深掘りしていきたいと思う。

第3章

地主の問題点

地主に内在する2つの問題点

本章では、地主の皆さんにどんな問題が内在しているのかを深掘りしていきたい。そのうえでは、「良縁を生む地主」の特徴を見ていくことで、資産を守るためにどのような考え方やスタンスをとるべきなのかが、具体的に見えてくるように思う。

まずは、地主に内在する問題点について。私はこれまで多くの地主の方々とお会いしてきたが、主に次の2つの問題を抱える方が多いと感じている。

①自分のことを分かっていない

②自分たちのことを分かっていない

ただし人間とは基本的に、自分のことを客観的に見られないものだ。しかしここで重要なのは、**「自分のことを分かっていない」ということを認識しているかどうか、**という点ではないだろうか。

これまでお話ししてきたように、地主の皆さんが所有する資産は先祖から引き継がれたもので、自分で汗水垂らして得た資産ではない。

「はじめに」では、私の実家の墓石の話から、「長い間連綿と受け継がれてきた大切な資産を減らさないように努めることが、地主に課せられた大きな使命ではないか」と述べた。地主の皆さんが持つ資産は、先祖だけではなく家族や親戚、会社を運営していればその社員、そしてその資産防衛に関わるパートナーたちなど、多くの人が関わって成り立っている。

今、自分が所有する土地にいかに多くの人が関わっているかを認識すれば、どんな決断を下すべきかが、おのずと変わっていくのではないだろうか？　それによって、よりよい未来に繋がっていくのではないだろうか。

地主が現在所有する資産は、先祖代々受け継がれてきたものであること。

そして、実に多くの人がこの資産に関わっていること。

この2つの事実を認識することが、地主の資産防衛の出発点となる。私はそのように考えている。

「過去の思考と行動」が「現在の状況」をつくり出す

本書をお読みの地主の皆さんは、「先祖代々の土地を守りたい」「相続税が不安だ」といったように、さまざまな悩みを抱えていることと思う。

ただし、どんな方にも共通して言えるのは、**現在がどのような状況であれ、「現在」は「過去の思考と行動」の結果から成り立っている、**ということだ。

つまり、**今現在自分が抱えている悩みは、自分の思考と行動がもたらした結果と言えるのではないか、**と私は考えている。

例えば、これまで何もしてこなかったから資産が減りつつあるのかもしれないし、過去に何かしらの行動をとったから資産を減らさずに済んでいるのかもしれない。このように、過去にどう考えてどう行動してきたか、その「結果」

が現在の状況をつくり出しているのなら、**現在どう考えてどう行動するかで未来の状況は大きく変わる、**といえるのではないだろうか？

つまり、**未来を変えたければ、今すぐにでも自身の思考と行動を変えること。もっといえば、思考と行動の習慣を変化させることが必要なのではないだろうか。**

ただし、人間はすぐには変わることはできない。**自身の思考と行動を変えるには、それを意識し続けて習慣にすることが重要**だと思う。

これはいわば、**思考と行動のクセをつける**ことだ。私たちは誰しも、「慣れていること」に立ち戻る習性がある。最初のうちは意識的に思考と習慣を変えていく必要があるが、そうして得た思考回路や行動のスタイルは、そのうち自然と習慣化する。変化するときには苦痛を伴うかもしれないが、いちど習慣化して身についた思考や行動は、きっとよりよい未来をもたらしてくれるのではないだろうか。

「相続税のための対策」ではなく「経営の改善」が重要

地主の皆さんが抱える悩みで言えば、多くの地主の方々が気にされているのが、相続税の問題だと思う。

しかし、ここでしっかり認識していただきたいのが、**資産防衛において「相続税の圧縮」というのはあくまで結果論にすぎず、まず見据えるべきは経営の改善である、**ということだ。

世界各国の相続税負担率

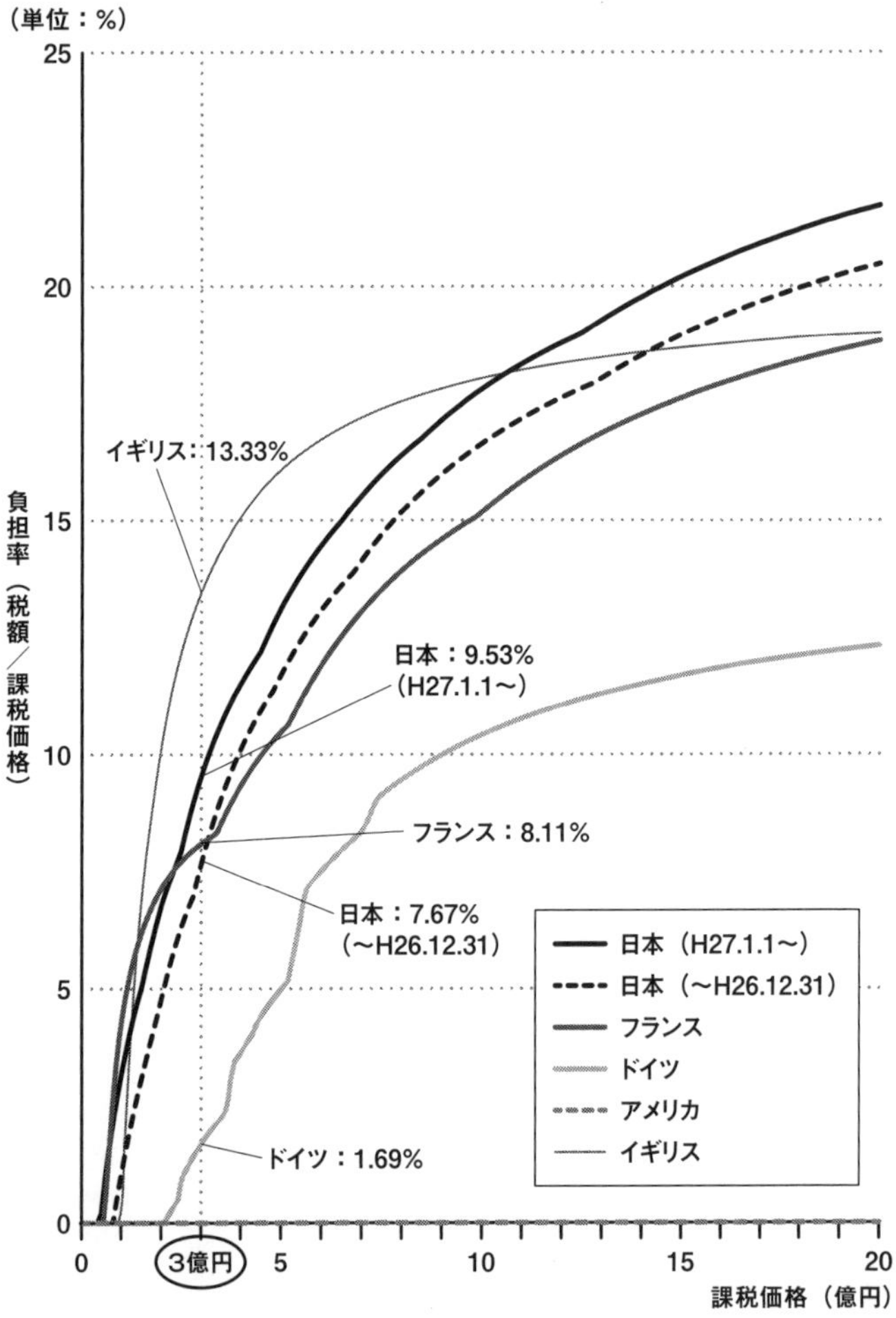

財務省発表資料（2023年1月発表）をもとに作成

現実問題として、相続税の問題はますます深刻化していて、第1章でも述べた通り日本は相続税率が非常に高い。相続税を納付できずに土地を手放すというケースも多く聞かれる。

ただし、こうした相続税の問題はあくまで目先の問題にすぎない。**地主の皆さんが経営という視点を持ち、キャッシュフローを改善すべく行動すれば、結果として相続税も圧縮される、**私はそのように考えている。

つまり、**「相続税対策」をゴールとして行動するのではなく、あくまで「経営の改善」をゴールとすること。**

そのゴールを目指して思考と行動を変えれば、その過程で「相続税の圧縮」も自然と実現するのではないだろうか。

地主が経営を改善するために必要なこと

それでは、地主の皆さんは、どのように経営を改善すればいいのだろうか？

それには不動産の知識はもちろん、金融の知識や税の知識、法の知識など、必要とする知識はとても多岐にわたる。不動産会社や不動産鑑定士、建築会社、銀行、税理士、弁護士、司法書士などさまざまな分野のプロの手を借りなければ、すべてをこなすことはできないだろう。

そこで必要となるのが「参謀」と呼ぶべきパートナーの存在だ。その「参謀」がそれぞれのプロフェッショナルを集めてチームをつくる必要がある、と私は思っているが、こうしたプロの力を借りるにはコストがかかることもまた事実。

しかし、**プロに高い報酬を支払うのは、相当の理由があるのではないだろう**

か？

私自身も、コンサルタントにお願いして、**私が持っていない知識や経験、技術を教えていただいている。**自分の知らないことを得るのに然るべき報酬を支払うというのは、ごく自然なことだと思うからだ。

例えば、「蕎麦屋になりたい」と考えたときには、おいしい蕎麦屋に弟子入りして作り方を教えてもらおうとするだろう。蕎麦を作ったことがない人においしい蕎麦は作れないから、その道のプロに蕎麦作りの知識や技術を教えてもらう。これは当たり前のことで、「地主の経営」についても同じことが言えるのではないだろうか？

社会に出ると、人に教えてもらうという機会はだんだん減ってしまう。しかし地主や経営者に限らず、自分の知らないことをその道のプロに教えてもらうことで、人は何歳になっても成長できる。だからこそ私は、**人に教えを受けて**

学ぶ姿勢が大切だと思う。

プロに支払うコストは発生するが、それには相当の理由とメリットがあり、それに見合うだけの得るものがある。そう考えると、経営を改善するためにどんな行動をとればいいか、違った選択肢が見えてくるのではないだろうか。

それに、**プロをパートナーとして活用すれば、物事が速く回転するようになり、テンポよく次のステージへ行くことができる、**ということもある。

これはビジネスでは普通の感覚で、例えば出版で言えば、私はこの本の著者ではあるが、編集者が構成を立て、それをもとにライターが原稿を作成し、デザイナーが装丁を行う。**自分でできないこと、自分の専門外であることを把握して、それぞれを専門とするプロでチームをつくるというのは、最も合理的な判断ではないだろうか。**

ただし、これまで述べてきたように、地主の皆さんがそれぞれの分野のプロを直接頼む必要はない。「参謀」というパートナーが必要なプロフェッショナルを招集してチームを編成する。それが、「経営の改善」を叶える最短ルートになるように思う。

お金の使い方の3つの傾向

良縁を生まない地主には、お金の使い方にも共通した特徴が見られる。その3つの傾向を見てみよう。

①先に出すことを惜しむ

目先の出費をとにかく嫌がる、「無料」という言葉に弱いというのは、良縁を生まない地主に見られる特徴のひとつだと私は思う。「無料」という言葉には、必ず相当の理由がある。例えば「土地の無料査定サービス」というチラシをもらったことがある方も多いと思うが、それは無料にしなければ集客できないほど腕が悪いのかもしれないし、成約時の費用が相場よりも高いのかもしれない。そのような背景を想像せず「無料＝お得」と捉えて飛びついてしまう……。これは物事を「無料」という一側面でしか判断していない、つまり俯瞰的に物事を捉えずにその本質を見誤っている状態だと言えるだろう。

②バランス感覚が弱い

例えば、「不動産投資なんて自信がない」「失敗したらどうしよう」というように、新しい選択を嫌がる地主の方も少なくないが、これには**土地の本質を理解していない**という要因があるように思われる。つまり、**現金を不動産に換えたところで同じ資産であること、むしろ不動産のほうがメリットが多いということを理解していない**からではないだろうか。

既に話した通り、日本の税制上、資産は現金で持っているよりも不動産にしたほうが、メリットは大きい。また、不動産は現金よりも評価額が下がるので節税効果も期待できるし、家賃収入も得られる。

こう考えると、「バランス感覚が弱い」というのは、「頑固」と言えるかもしれない。俯瞰的な視点を持たずお金に関するバランス感覚が非常に弱い方は、

「自分の考え」ばかりを偏重する頑固さが内在するのではないか、と感じている。

③流れを止める

「金は天下の回りもの」という言葉がある。**お金は使うから入ってくるし、入ってくればまた使う、お金は循環する**という現象を表した言葉であるが、だからこそ経済は活性化していく。けれど、**良縁を生まない地主は「①出したがらない」「②バランス感覚が弱い」という傾向ゆえに、お金の流れを止めてしまいがちで、**結果として自分のところへも入ってこなくなってしまうことが多いように思う。

例えば土地活用の例で言えば、所有する土地をそのまま持っているだけでは、固定資産税や管理費などの出費ばかりがかさんでいく。しかし、収益不動産を建てるなどすれば家賃収入が得られる。これはまさにお金が流れている状態だ。

そしてお金は、真剣に考えて使えば使うほど「使い方」が分かってくるという特徴もある。もちろん、そうしてお金を使って失敗することもあるだろうが、

失敗した経験から教訓や学びを得れば、いつか2倍、3倍になって返ってくる、それがお金の特性だ、と私は考えている。

ある高齢の女性地主の方は、収支が改善して資金が生まれると、リゾートホテルの会員権を購入し、その宿泊券を親戚に配り、家族の思い出づくりの機会にしている、と言う。親戚一同で旅行することによって仲がより深まり、親族からは「ありがとう」と言われ、リゾートホテルは売り上げが増える。まさに「三方良し」で、この方が「儲けを預金するよりよっぽどいい」と語っていたのが心に残っている。これはお金の活かし方の好例ではないだろうか？　さらに、**こうした「地主像」を見て育った子どもや孫世代は、自然と「地主の在り方」を教育され、引き継いだ資産をより増やしていくだろう。**

良縁を生む地主の3つの共通点

本章の最後に、私が「地主の参謀」としてたくさんの地主とお会いするなかで感じる「良縁を生む地主」に見られる3つの共通点について話したい。

①感謝の想いが強い

長年にわたって地主専門の資産防衛コンサルタントをしていると、「掘り出しものの土地を買えた」「持ちビルにいいテナントが入った」といった地主に出会うことが多々ある。こうした地主を見ていると、単に「ラッキーだった」とは思えない。

このような幸運が訪れる地主には感謝の想いが強い人が多いように思う。**そんな人柄だからこそ周りの人たちから慕われ、それが幸運を呼び込んでいるの**

ではないだろうか。「ありがとう」とすぐ言える地主は、その多くに良縁が生まれているように感じている。具体的に言えば、

現に、私が何かするたびに「ありがとう」と言う地主の方は、何かを話し合うときにも相手を否定するようなことは口にせず、こちらの提案を受け入れようという姿勢を感じる。

例えば、私のクライアントで、駅前にビルを所有していた地主の方がいるのだが、あるとき1階のテナントが退去したことがあった。この方がすぐに募集をかけたところ、不動産会社が奔走して数日のうちに、新たなテナントとして大手コンビニが入ることになった。

この方は私のみならず、周囲に「ありがとう」の言葉を欠かさないのだが、きっとこのとき関わった方々も、「この方のために何かしてあげたい」という気持ちを抱いていたからではないだろうか。

②先祖を大事にしている

これも良縁を生む地主に見られる共通点で、例えばお盆やお彼岸などの行事ごとは欠かさなかったり、仏壇はこまめに掃除してきれいにしていたりという共通点が見られる。また、先祖の話が多いというのも特徴のひとつで、「あの小屋はおじいさんが建てた」「あの井戸は明治時代のご先祖さまが掘った」というように、自分では見ていないことでも身近な思い出話のように語ることが多い。

なぜ、このように先祖を大事にしている地主に良縁が生まれているのか？明確な理由は分からないが、おそらく**「ご先祖さまに後ろめたいことはできない」「ご先祖さまから引き継いだ財産を守らなければならない」**という意識が常にあるからではないだろうか。

これは先に述べた「①感謝の想いが強い」にも通じる。資産を守り引き継いでくれた先祖への感謝の想いが、そうした意識を生み出しているのかもしれない。だから資産を守るための努力が自然とできるのではないか、と私は考えている。

③資産を自分のものだと思っていない

良縁を生む地主の多くは、**所有する資産を「一族のものを自分が代表して管理している」という感覚で扱っているよ**うに思う。

こうした地主の方々と話していると、「私の」「私が」という言葉が少なく、「母が」「叔父が」といった言葉が多いことにも気づかされる。最も多いのが「子どもが」という言葉だ。**一族の気持ちや資産を引き継ぐ子どもの将来を、無意識的にでも常に考えているから**かもしれない。

このような地主は、他人の意見に素直に耳を傾けるという特徴も見られるようだ。「こうしたい」「こうしてくれ」と自分の意見を押し付けてくるのではなく、「この件について、松本さんはどう思う？」などと聞いてくださる方は、良縁を生んでいることが多いことを感じている。**多種多様な考え方を知ったうえで最善の判断をしようと努力をしている、つまり考え方が柔軟と言える**のではないだろうか。

＊

本章では、地主に内在する問題から「良縁を生む地主」の特徴について話してきたが、どのように感じただろうか？

本書をお読みの皆さんには、自分に当てはまるところが少なからずあったのではないかとも思うが、**地主が見据えるべきは、まず「経営の改善」という視点であり、そのために何が必要なのか**に気づいていただけたら、嬉しく思う。

次章からは地主が資産を守るための具体的なポイントについて話していくが、ここまで話したことをしっかり理解していただいたうえで、ぜひお読み進めいただきたい。

第4章

地主の資産防衛

土地活用の意義を見つめ直す

収益不動産の魅力とは何か

所有する土地を活用するにあたっては、そもそも土地活用の基本を知っておく必要がある、と私は思う。所有する土地から収益を得るためには、収益不動産にするという選択肢が考えられるが、まずは収益不動産の魅力を整理していきたい。

もちろん、収益不動産にして土地を活用することだけが資産を守る方法というわけではないが、**あらゆる選択肢を俯瞰的かつ客観的に把握して検討することで、資産を守るベストな「最適解」に行き着くことができるのではないか、**と私は考えている。

その意味では、他の方法をとるという選択肢もあるだろう。ご自身の資産の状況を見ながら、「参謀」となるパートナーの力を借りて決断していただきたい。

*

収益不動産の魅力は、大きく分けて次の3つがある。

①評価減

国は私たちの資産を一定の基準を用いて評価し、その額に応じて相続税を算出する。その際、現金や株式は時価のままで評価されるが、土地やマンションなどの不動産は時価よりも低くなる。その理由は、時価の7割程度に調整されている固定資産税評価額や、公示価格の80％に設定されている路線価を基準に算出されるためである。

つまり、**1億円で不動産を購入すれば評価額が4000万円程度に下がる。**

これが相続税対策となるわけだ。

この仕組みを利用したのが、一時期話題となったタワーマンションの購入による節税対策だ。

マンション各戸の土地評価は、総専有面積に対する自分の専有面積の割合で決まるため、土地の面積に対して総戸数が多いタワーマンションは、各戸の土地の持分が小さくなり、土地の評価額も低くなる。また、2017年以前に完成しているマンションで言えば、専有面積が同じであれば低層階でも高層階でも評価額は変わらない。

その一方で、市場価格は一般的に高層階になるほど高くなるため、高層階にある物件は、時価の2~3割程度で評価されることもある。1億円の現金をタワーマンションに交換すれば、3000万円で評価されるというわけだが、この特性から相続税対策としてタワーマンションの高層階を購入することが注目されるようになったのだ。

さらにタワーマンションを所有することは、小規模住宅用地の特例を利用できるため、固定資産税対策にも繋がる。

小規模住宅用地の特例というのは、敷地面積200㎡（60・5坪）以下の住宅用地の固定資産税を6分の1にするという仕組みだ。タワーマンションの土地の持分は一般的な物件よりも小さくできるので、固定資産税を低くすることが可能となる。

ちなみにタワーマンションのこの節税スキームは、「いきすぎた節税」が多発したために国税庁が課税強化の動きを強め、相続直前にタワーマンションを購入し、相続直後に売却して追徴課税を命じられた事例もある。これは極端な例であるが、不動産が本来備える「評価減」という大きな魅力がうかがえる話といえる。

②継続収入

収益不動産で期待できる利益は2種類あり、ひとつが**キャピタルゲイン**、もうひとつが**インカムゲイン**である。**前者は物件を売却することで得られる利益**で、**値上がり益。後者は物件を保有し続けることで得られる利益**だが、家賃収入がこれに当たる。
不動産は、何年、何十年と利益を生み出し続け、物件によっては手放すときにも利益を出す非常に効率のいい資産で、これはほかの資産には見られない特性だ。

ただし、キャピタルゲインだけを狙って収益不動産を手に入れるリスクもある。現に1990年前後のバブル期は、株価と同時に不動産価格もぐんぐん上昇していた時期で、都心部ならば購入した物件が数カ月後に2倍の値で売れるということも珍しくなかった。しかし現在は、そんな状況が再来するとは思えない。

もちろんキャピタルゲインも狙える物件を見つけることも可能だが、値上がりするという確実な保証はなく、資産防衛の手段としては不向きかもしれない。
こう考えれば、注目すべきは、キャピタルゲインよりもインカムゲインで、**インカムゲインは手間をかけずに非常に長い期間資産を守ることができるとい**

う魅力もある。

③借入

株式投資やFXなどの場合、資金を金融機関からの融資で調達することはできない。しかし**不動産の購入資金は、金融機関からの融資、いわゆるアパートローンで調達することが可能となる。**このように、**資産運用のための資金を銀行からの融資でまかなえるのは、不動産だけだ。**現在のアパートローンは1％を切るような低金利で、30年以上の長期にわたってローンを組めるというメリットもある。

融資を利用して資産運用できるということは、レバレッジ効果を利用できるということでもある。例えば、手持ちの1億円でしか運用できないのなら、利回り5％とした場合、1年後の収入は500万円となる。しかし、自己資金1000万円で9000万円の借入を行って1億円の運用ができれば、1000万円で500万円の収入を得ることができると言える。

本当の利回り

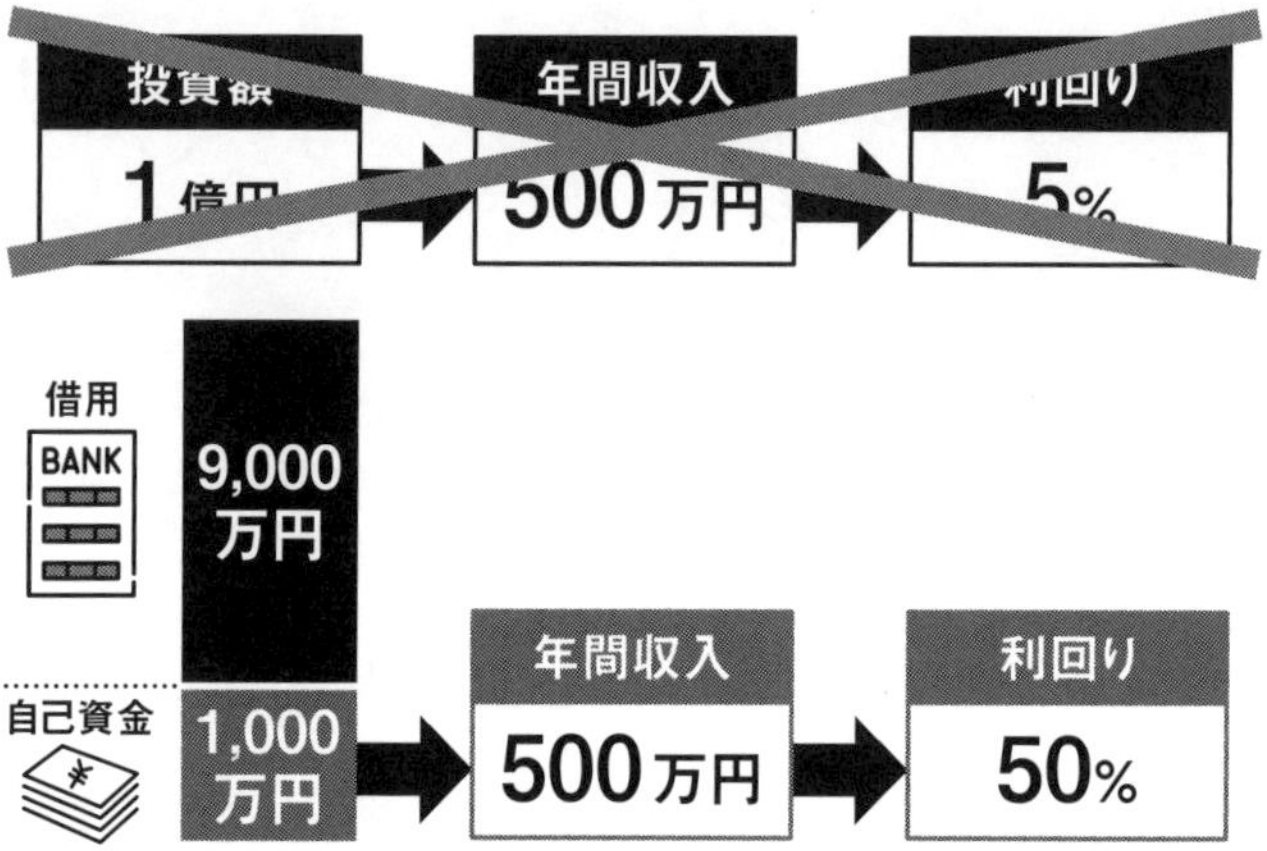

しかし、融資に対して「借金は怖い」「金利がもったいない」と考える方もいるだろう。けれど、あらためて考えていただきたいのだが、おそらく住宅ローンを組んだ経験がある方は少なくないだろう。**同じ融資なのに、なぜアパートローンは怖くて、住宅ローンは平気なのだろうか？**

両者の最も大きな違いは、返済原資だと思う。住宅ローンは毎月の給料、つまり労働収入で返済する。一方でアパートローンは毎月ほぼ自動的に入ってくる家賃、つまり不労所得で返済する。そう考えるとより安全なのは、アパートローンのほうではないだろうか？
アパートローンの返済は、住宅ローンのように「自分の収入」から支払うわけではなく、入居者が支払ってくれるものということもある。現に収益不動産を所有している大半の方は、返済のプレッシャーをそれほど感じることなく、「自分で返している」という感覚はない」というのが本音ではないだろうか。

ローンを組んで収益不動産を手に入れた地主にしばしば見られるのが、繰り上げ返済にこだわるという傾向である。

これには、「負債を早くなくしたい」「金利を支払うのがもったいない」という心理が働いているようだが、繰り上げ返済をすべきかどうかをあらためて考えてみたい。

先に述べたように毎月の返済は家賃収入から行う。だから、**「自分で返済している」という意識はなくしたほうがいい、**と私は思う。

ローンの不思議

種類	 住宅ローン	 アパートローン
審査	収入	事業性
返済	給料	家賃
誰のお金？	本人	他人
収入の種類	労働収入	不労収入

住宅ローンであれば、自分の懐からお金が出ていくのだから、繰り上げ返済をするのはいいかもしれない。しかし、**同じ融資でもアパートローンと住宅ローンは、返済原資が異なるまったくの「別もの」**。

自分ではなく入居者の方が返済してくれる、しかも現在の超低金利を考えると、繰り上げ返済に躍起にならなくてもいいのではないだろうか？　たった1％の金利をなくすためにエネルギーを向けるより、そのエネルギーをより資産を増やす方向に注入したほうが、得るものは大きいのではないだろうか。

土地を守るための選択肢を考える

私はこれまで、過去お会いした地主の方から「親から収益不動産を引き継いだが、面倒なことばかりだ」という声を何度か聞いたことがある。ある方は「父親がバブル期にアパートを次々と建てたのだが、父親が亡くなって相続した物件の状況を確認したところ、半分以上が空室だった」という。過去には、用途に合わない土地にアパートやマンションを建てたところ、入居者がつかず空室が発生し、売りたくても買い手が見つからない……という話も多い。

こうした経験を持つ方は、収益不動産に対してマイナスのイメージを抱くことになるだろう。そしてこのような親世代を見て育った子ども世代もまた、「土地の活用は大変」「収益不動産にしても、結局苦労するだけ」と感じ、「次の世代に苦労させないために、土地は早く手放したほうがいい」と考えてしまうかもしれない。

しかし、**親世代で土地活用がうまくいかなかったからといって、活用をあきらめるのは早い、**と私は思う。もしも活用に不向きな土地しか所有していないのであれば、活用できる土地に組み換えればいいのではないだろうか。

「先祖代々の土地を売って他の土地を買う」ということに抵抗を感じる地主もいるかもしれないが、**うまく活用されていない資産を子ども世代に引き継ぐか、それを売って有益な資産を子ども世代に引き継ぐか、**果たしてどちらの選択がいいだろうか?

次の世代によい形で資産を引き継ぐために行動する。それが、資産を受け継いだ地主の責務ではないだろうか。

賃貸経営の3つのリスク——「魔の16年目」の壁

また、たとえ活用に適した土地で収益不動産の経営を行っていても、必ずぶつかることになる壁がある。**「支出の増加」「大規模修繕の発生」「家賃の下落」**がほぼ同時期にやってくる時期で、私はそれを**「魔の16年目の壁」**と呼んでいる。

これら3つの要因は、賃貸経営をする際に必ずといっていいほど直面することになるものだ。あらためてそれぞれの本質を考えてみたい。

①支出の増加

これは賃貸経営において、最も注意しなければならないことのひとつだが、賃貸物件の経営に失敗するケースの多くがこれに起因しているように感じてい

減価償却費の動き

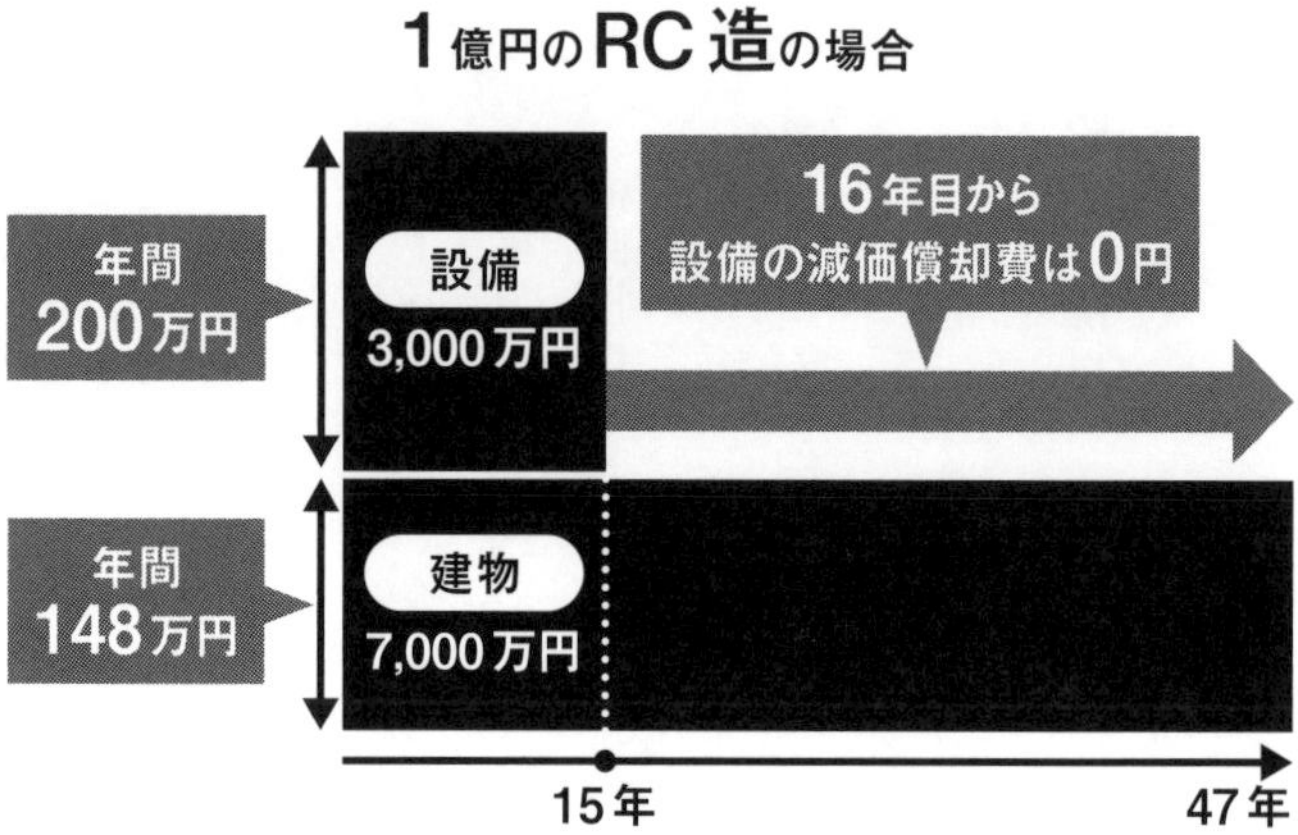

る。

支出の増加が最も重くのしかかってくるのが経営開始後16年目のことで、**この年は、設備の減価償却が0円になる年**でもある（上図）。**「減価償却」とは、事業で使用する固定資産の取得にかかった費用を法定耐用年数に応じて分配し、各期にその金額を経費として計上する会計処理**のことだ。例えば、RC造マンションの法定耐用年数は47年。したがって、取得費用が1億円ならば47で割って、毎年約213万円を経費として落とすことができる。

簡単に言えば、減価償却は支出のない

経費、または所得の控除ということになるが、このおかげで法定耐用年数の間は、所得税を軽減することができる。ところがこれには盲点があって、**建物とその中の設備の法定耐用年数の期間が異なる**ということには気をつけなければならない。

RC造の場合、建物自体の法定耐用年数は47年だが、照明や給排水などの設備関係は15年。ここで、取得費用1億円の内訳が建物7000万円、設備3000万円で、年間の家賃収入が800万円の物件を所有していたとしよう。

この場合、年間の建物の減価償却費は148万円で、設備は200万円となる。ところが16年目からは、この2階建ての控除が1階建ての年間148万円のみ。つまり**減価償却費が年間200万円減ることにより、結果として手取り収入に大きな差が生まれる**ということになる。

116ページの図は、これらによって15年目まで会計上404万円だった所得が607万円となってしまい、実質的に203万円の利益増加となる、とい

「魔の16年目の壁」で支出が増加する

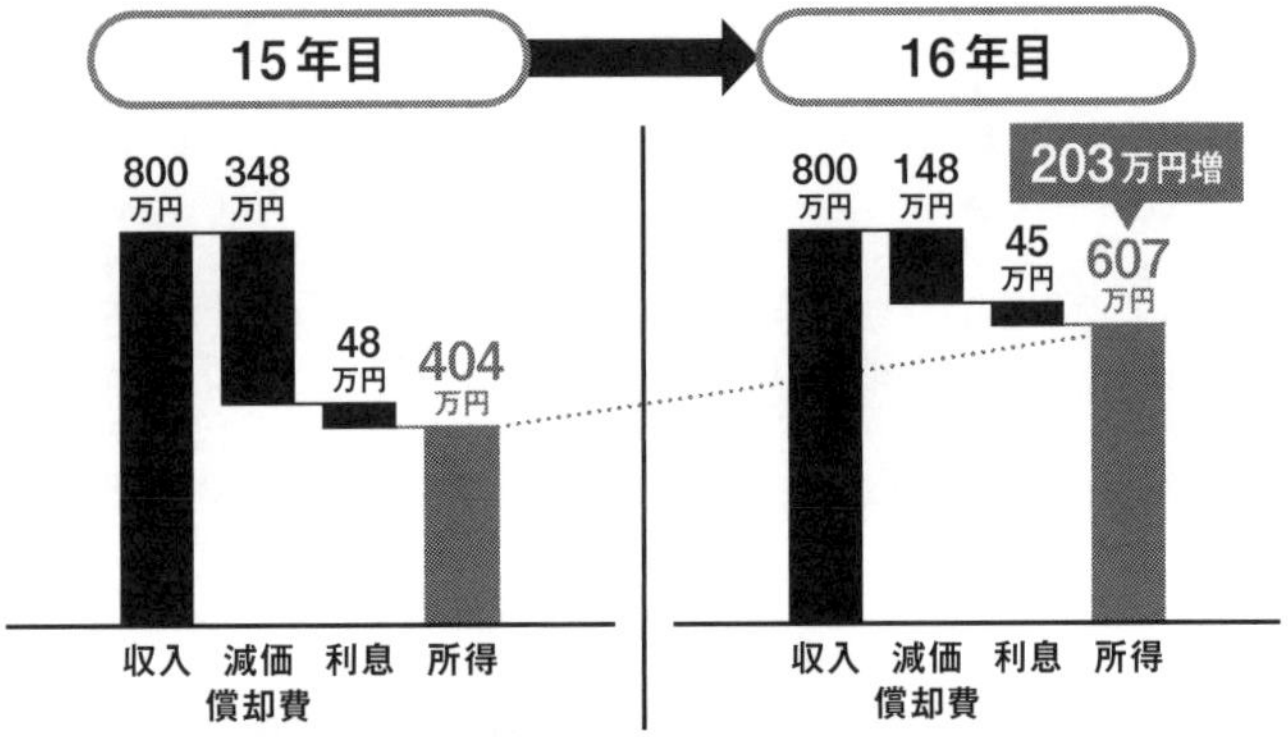

会計上は所得が増加

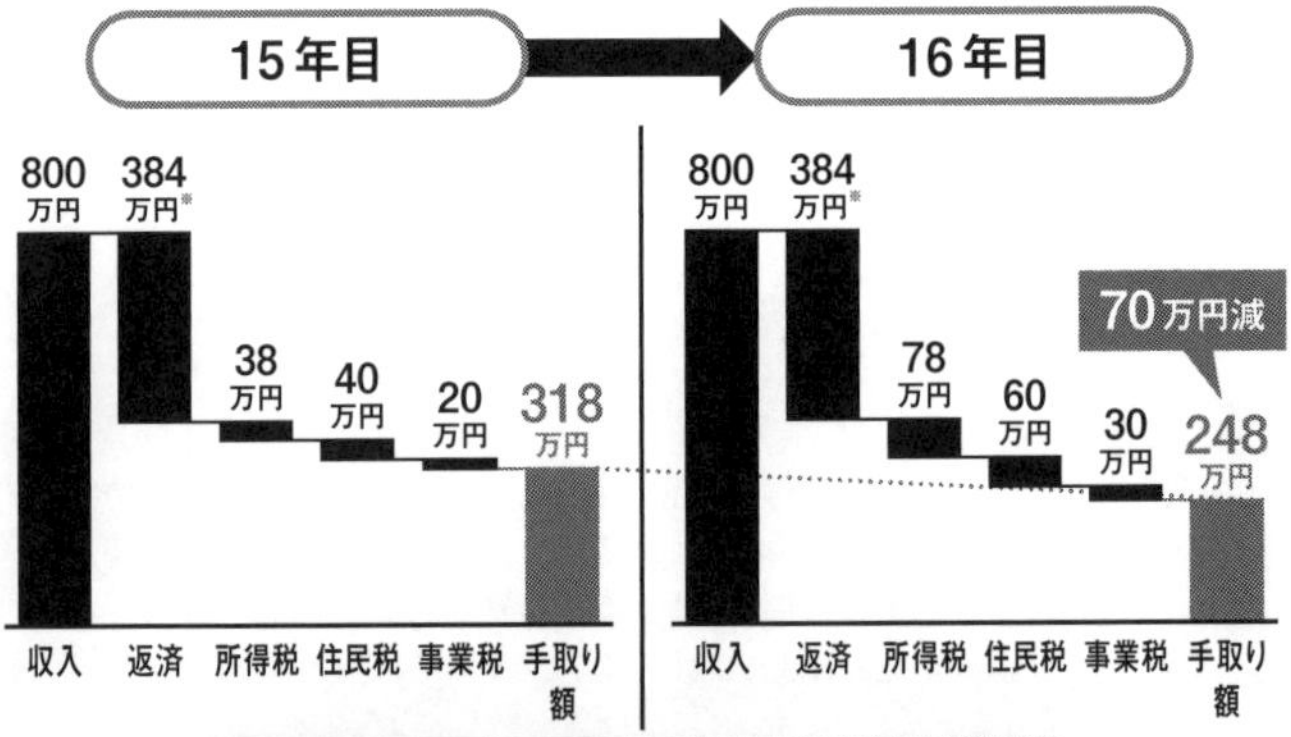

キャッシュフローは減少

※借入1億円・金利1%・期間35年と想定

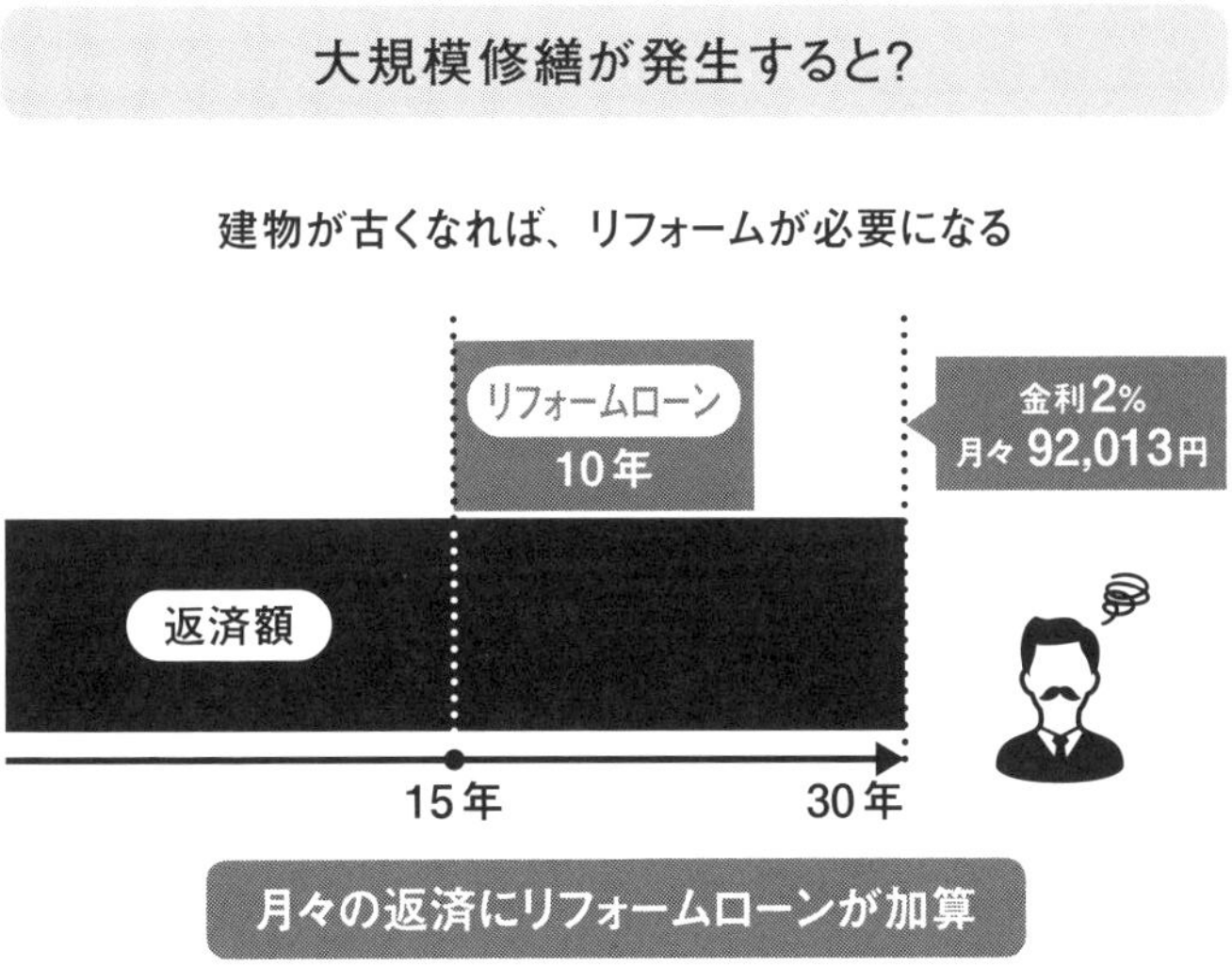

う例だ。その結果、所得税、住民税、事業税などの納税額も増加し、手残りは70万円も減ることになってしまう。

②大規模修繕

そしてちょうどこの頃訪れるのが、**大規模修繕**だ。

賃貸経営において、築15年前後に外壁などの防水工事や水回り設備の交換などの大規模修繕を行わなければならない。これを疎かにすると、建物の劣化スピードが急に速まり、空室の増加に繋がってしまう。

例えば修繕費が1000万円かかり、

ローンを組んで工面するとなると、返済期間10年で金利2％ならば月々約9万2000円（117ページ図）。つまり、年間110万円も支出が増えることになるわけだ。

③家賃の下落

賃貸物件に限らずどんなものでも、よほど付加価値がない限り、古いものは新しいものより安くなる。つまり、古くなれば家賃が下落して収入が減る、というリスクは大いにあり得る。

家賃の下落というのは、「賃貸経営」と聞いて多くの人がまず着想するリスクだと思うが、ただし実際には「15年目まで10万円だった家賃が、翌年になっていきなり8万円にしないと空室が埋まらない状態になった」というようなことはほぼない。家賃は新築時から徐々に下がっていくものだから、その間にリフォームなどの対策を打つこともできるだろう。早いうちから問題の本質を見極めることで、そのリスクをできるかぎり減らすことは可能だと私は考えているが、この「家賃の下落」も土地活用における壁のひとつであることは、認識しておいていただきたいと思う。

＊

賃貸経営の難しさは、この①支出の増加、②大規模修繕、③家賃の下落、の3つが同時期に起こるところにある、と私は感じている。さらに、**このことを分かりやすく教えてくれる人がいない、という点にも問題がある**ように思う。

その意味でも、地主の皆さんに「参謀」と呼ぶべき存在がいれば、これらのリスクを事前に把握することができるのではないだろうか。

いつか訪れる建物の最後

土地はほぼ永久に存在するものだ。しかし利益を生み出すのはその上にある建物であり、建物はいつか寿命を迎えることになる。この「いつか必ず最後を迎える」という建物の特性は、土地活用をためらうひとつの要因となるように思う。

そこで、**所有する建物の「最後」に際して地主はどう行動すべきか、**という問いが生まれるわけだが、これは「経営」という感覚に関する話でもある。目先の節税や利益ではなく「経営の改善」というゴールのために、土地活用の「最後」を見据えてどう行動すべきか、このテーマについて、私が地主の方向けのセミナーなどでたびたび紹介するお話を紹介しよう。

あなたが、木造アパート2棟（築28年・25年）とRC造マンション1棟（築20年）を所有していると想像してほしい。前者はほとんどメンテナンスをしてこなかったため、けっしてきれいとはいえない状態。一方で後者は前年に大規模修繕を行ったばかりで、しばらくは手入れがいらない状態。

さて、**この2つの物件のどちらかを売る、という局面になったとき、皆さんはどちらを選択されるだろうか？**

セミナーでこの問いを尋ねると、多くの方は「築古の木造アパート2棟を売却したい」との解答が多かった。マンションは修繕したばかりなので、まだ入居者に困らないが、古すぎるアパートは空室が生まれるだろうし、これから修繕費用もかさむだろう。そう考える方が多いかもしれない。

実は、この問いを考えるポイントは、**マンションを残したとして、あと何年所有するのか、**という視点だ。

仮にマンションを残したとしても、いずれは見切りをつけることになるだろ

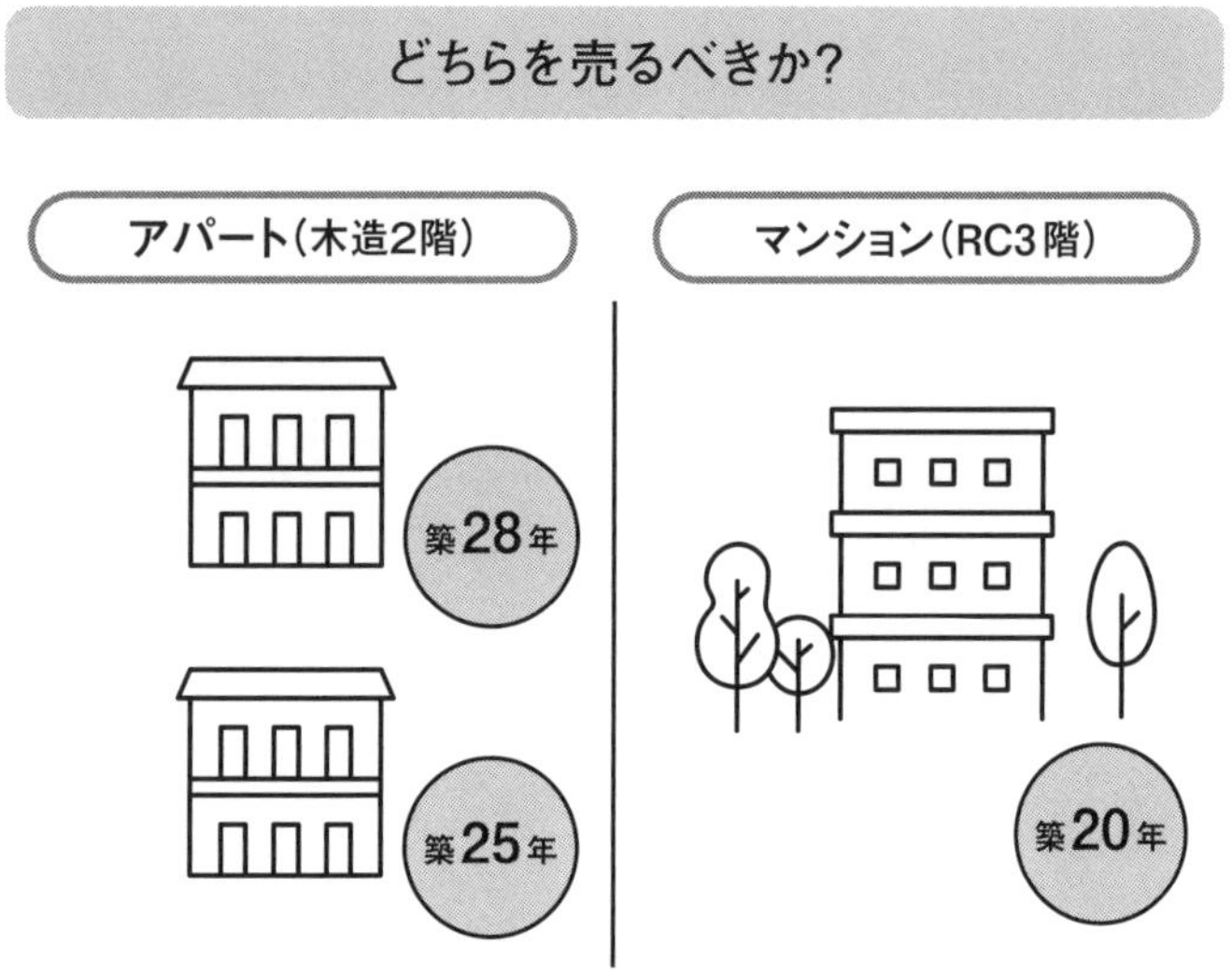

う。そのときの選択肢は、「売却する」か「建て替える」の2択。ここで考えるべきが、**大規模修繕を終えたばかりの築20年の物件と、10年経った築30年の物件の「価値の差」という点**である。

この場合の「築20年」というのは、車にたとえれば車検を通したばかりという状態だ。不具合はすべて修繕済みで、外観もピカピカ。相場よりも強気な値付けが可能となるだろう。

また、ローンの返済期間は、基本的に法定耐用年数を基準に決められる。RC造の法定耐用年数は47年だから、築20年であれば少なくとも27年と、比較的長期のローンが組める。この点も売却時には大きな魅力となる。

一方で大規模修繕から10年経った築30年の物件は、先の車のたとえで言えば、車検の時期が目前という状態。買い手の視点から考えれば、購入にあたってはいつ、どこに不具合が発生するかが大きな懸念点となる。さらにこの場合、ローンの返済期間の上限が17年になってしまうところもネックとなるだろう。

また、収益不動産の売却価格は、利回りに比例して上下するものだ。築30年ともなれば家賃設定も築20年の物件と比べて下がる可能性が高く、結果として売却価格も伸びにくい。


こう考えると、私なら、「高く売れる築20年の物件を手放したほうがいい」と考える。この話からは、築20年の物件と築30年の物件の「価値の差」が、皆さんが考えているよりも大きいことに気づくのではないだろうか。

「建て替え」という選択肢

このように古くなった物件は、「売却する」以外の選択肢として、**「建て替える」**という方法もある。

先の築30年の物件で「建て替え」を考えるにも、やはりＲＣ造のマンションを売却しておいた方がいい、と私は思う。

建て替えには解体が必要となるが、ＲＣ造の解体というのは非常に大変だ。構造躯体自体が頑丈なので労力がかかり、何より強固な地盤まで通している杭を抜くのに、時間も費用もかかる。ちなみにＲＣ造は、建てる際も木造より時間と費用がかかる。規模にもよるが、入居者の退去から解体して建て替えるまで2年前後はかかるだろう。もちろん、その間の家賃収入は見込めない。

これに対して、木造や鉄骨なら比較的容易に解体が可能だ。そのため、すぐに建て替えたり更地にして売却したりすることもできる。

こう考えると、私なら、**ＲＣ造の物件は、寿命を迎えるまで所有せず、商品価値が高いうちに売却するほうがいい**、と思う。

ただし、ＲＣ造の物件にメリットがないわけではない。**他の構造と比べて家賃を高く設定できる、寿命が長い**、といった魅力もある。だから「複数棟所有していて１棟建て替えている間も十分に収入がある」というケースでは、ＲＣ造を建て替えるという選択肢もあるだろう。これについては、**所有する物件の状態や発生する時間や手間、費用のバランスを鑑みて判断することが必要だ**と私は考えている。

地形《じがた》が悪い土地の活用法

土地活用を考えたとき、旗竿地や三角形の土地など、地形《じがた》が悪い、いわゆる変形地を所有している方もいるだろう。実際、私が地主の方々と話をしていると、「使えない土地だから早く手放したい」「相続税の納税のために早めに売りたい」といった声もよく聞かれる。「こんな変な地形の土地を持っていても、お荷物になるだけだ」という気持ちがあるのだろう。

しかし、**土地は賃貸物件を建てることで「貸家建付地」となり、すると更地にしているよりも相続税評価額が下がる。**また、**現金という財産の相続税評価額も、賃貸物件という財産に換えることで下げることができる。**

このことから私は、**変形地だからこそアパートやマンションを建てるという選択肢もあるのではないか、**と考えている。

ただし、ずっと一戸建てに住み続けてきた方であれば、「変形地に物件を建てても、そんな土地に住みたがる人は少ないのではないか」と考えるかもしれない。しかし、アパートやマンションに住む人の視点から考えると、彼らが重視するのはあくまで「自分の部屋（家）の住み心地」。地形のことは、案外気にしないものだ。

変形地ゆえの難しさはあるが、設計力や企画力でさまざまな可能性があり、これについては工夫次第でいくらでも選択肢はある、と私は思う。

実例で説明してみよう。128ページの上図の土地を所有する地主は、「地形が悪い」という理由で活用をあきらめ、長年にわたってコンテナ置き場にしていた。たしかに使い勝手が悪そうな土地だったが、実際に設計士にマンションの図面を引いていただいたところ、上の部分のラインを見事に利用し、効率のよい間取りの3階建てマンションを設計してくださった。現在、完成したマンションは満室稼働していて、仮に売却するとしてもすぐに買い手が現れるだ

地形が悪い土地の活用方法の例①

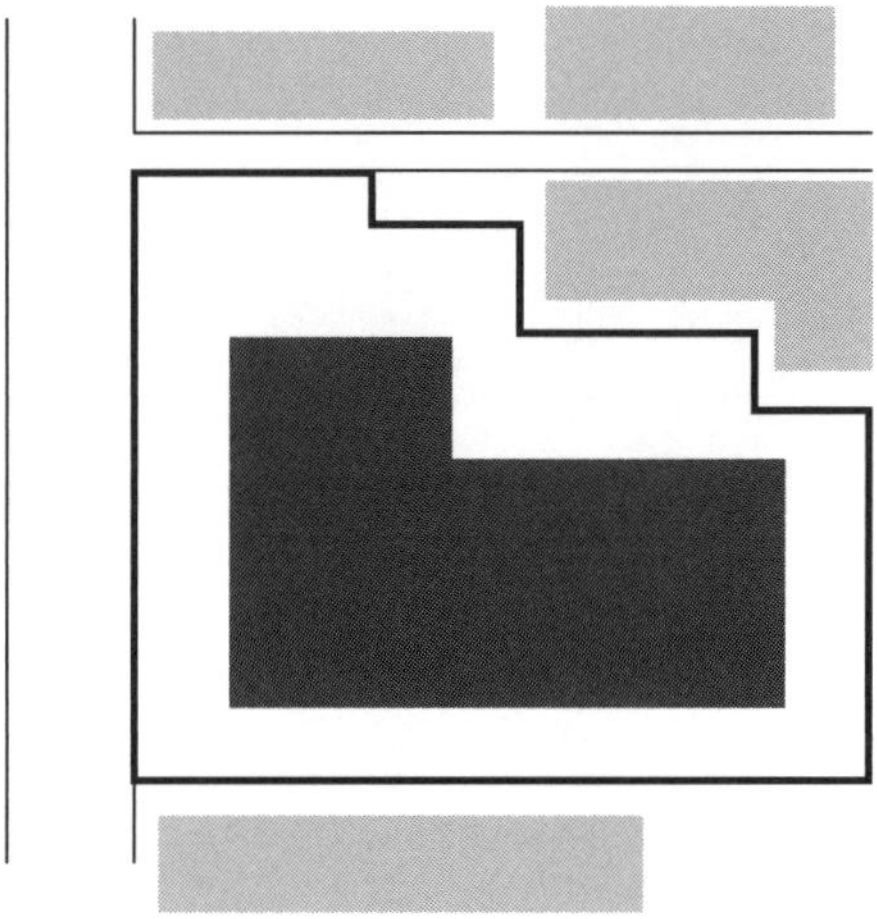

ろう。

収益不動産の場合、地形はほとんど考慮されず、あくまで「手に入れることで利益が得られるか」という利回りの高さがものをいう、と言える。のちに売却することを考えると、評価を下げながら利益を得たあとに、収益不動産として売却するほうが賢い選択ではないかと思う。

ほかにも難しい地形の土地として旗竿地があるが、私は129ページの図のような旗竿地の活用の相談をいただいたことがある。

地形が悪い土地の活用方法の例②

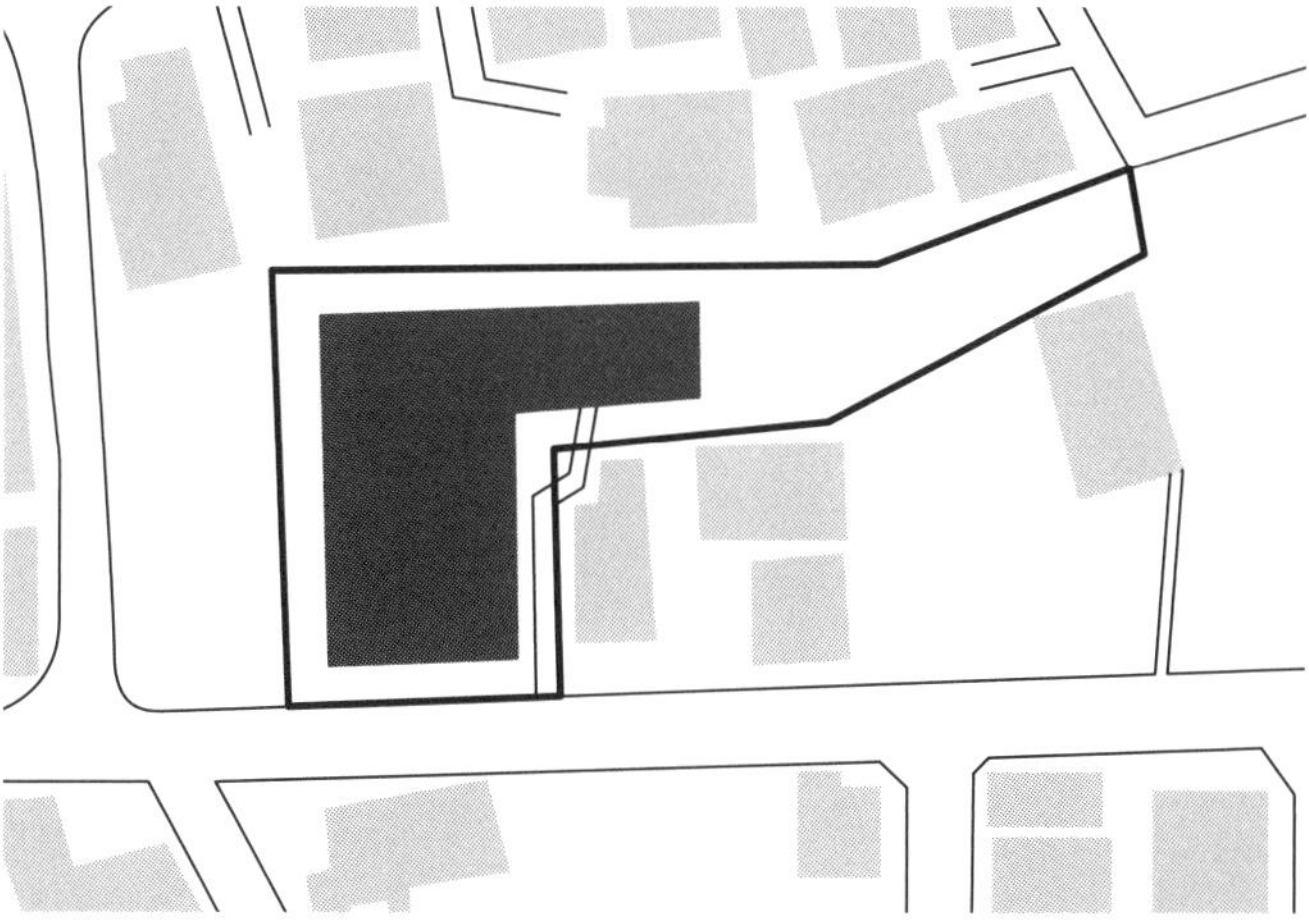

旗竿地とは、竿につけた旗のような形状の土地のことだ。一般的には道路に接する出入り口部分が細長くなっており、その奥にまとまった敷地がある土地を指す。この土地の場合は逆で、道路に幅広く接する土地の左奥に長細い敷地が続いている、とても珍しい形状の旗竿地だった。

なぜ、このような形状となったのか？　私が考えるに、以前は長方形の整形地だったのが、何かの事情で道路に接する部分の一部を売却してしまったのでないだろうか。その理由は定かではないが、現状の地形では、奥の細長い部分の価値は低いと捉えられる可能性もある。

この土地の活用で私が提案したのが、奥の細長い敷地をドッグランとして利用する、ペット共生型の賃貸マンションだ。

最近の賃貸市場では、ペット可のニーズはますます高まっている。住宅改良開発公社のデータ（２０２０年12月）によれば、賃貸住宅に住みたいと思っている人のうち、21・３％が「ペット可賃貸住宅に関心がある」と答えている。

これらの話からは、**たとえ活用が難しそうな土地でも、プロの力を借りれば思ってもみない選択肢が生まれる、**ということも言えるのではないだろうか。

資産の「見える化」で問題の本質をあぶり出す

私はかつて、右膝に痛みがあり治療していた時期がある。しかし治療を続けるうちに、その痛みの原因は腰にあった、とわかった。**問題の本質は、まったく関係のないと思える場所にあった**わけだ。

このようなことは世の中には多々あり、地主の皆さんの話で言えば、**特に所有する資産の種類が多岐にわたる地主は、このような落とし穴にはまりやすい、**と言える。

ここで大切となるのが、**動き出す前に立ち止まる勇気が求められる、**ということだ。焦って対症療法に走るのではなく、まずは**冷静に立ち止まって資産を「見える化」し、問題の本質をあぶり出す必要がある、**と私は考えている。

それでは、具体的にはどのように資産の「見える化」をすればいいのか？

その方法はとてもシンプルだ。

地主の資産は、不動産であれば大きく分けて「自宅」「更地」「事業所」「工場」「マンション・アパート」「駐車場」「商業・オフィスビル」「畑・山林」といったように分けられる。まずはこれらを**「建物あり・収入あり（マンションなど）」、「建物あり・収入なし（自宅など）」「建物なし・収入あり（駐車場など）」「建物なし・収入なし（畑など）」の4つに分類**してみてほしい。そして、**それぞれの物件の収支（キャッシュフロー）を一覧表にまとめる、**というだけだ。

資産を「見える化」する

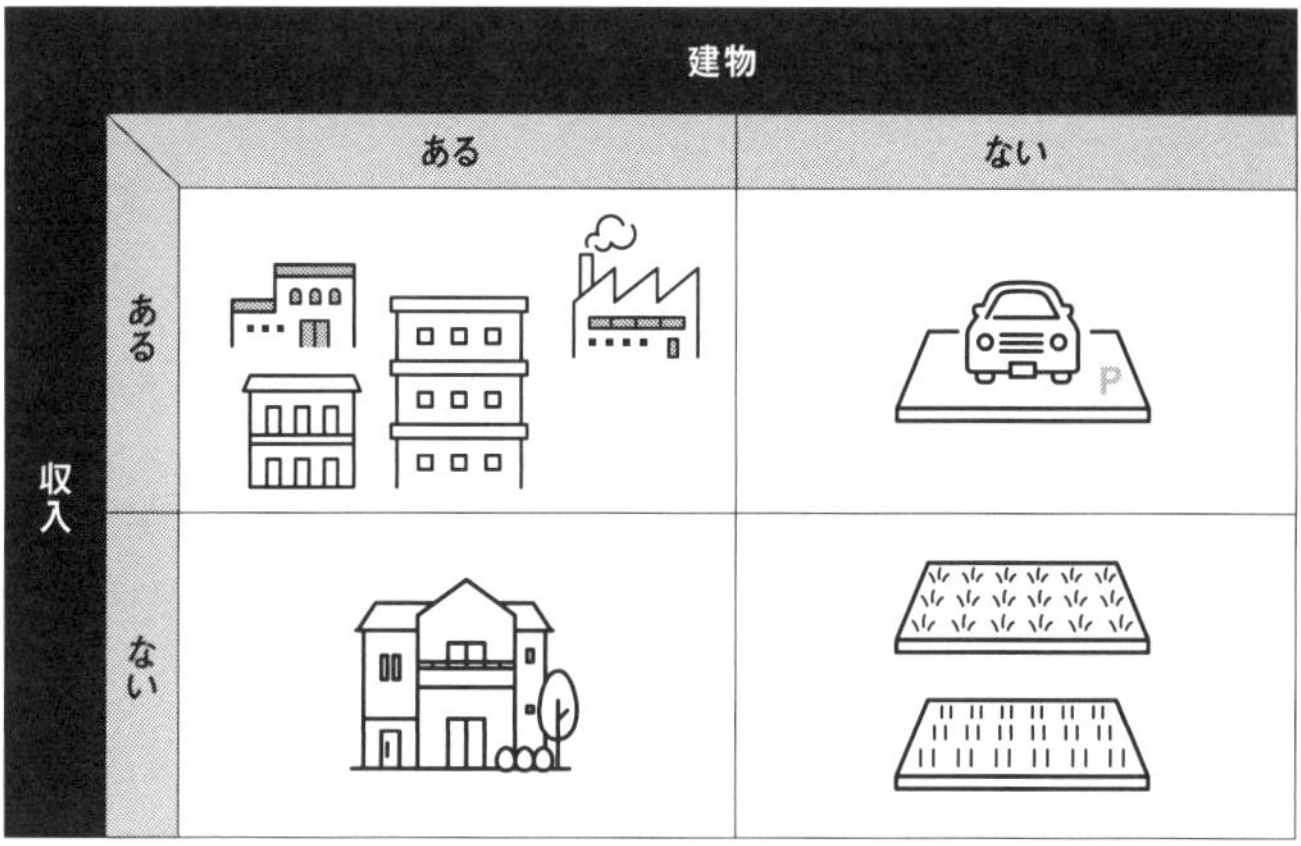

物件別収支一覧表

項目＼物件	A	B	C	D
収入				
固都税				
管理費				
修繕費				
火災保険				
返済				
実収入				
総収入				

この「見える化」を行うと、どの物件が足を引っ張っているのかがざっくりと分かる。

とはいえ、これはあくまで「見える化」の第1段階にすぎず、問題の本質はまだ見えてこない。具体的には**「権利関係は良好か」「収入は相場に対してどうか」「管理状態は良好か」**などだ。

こうしてあぶり出した各項目を判断するには、専門的な知見や能力、豊富な経験を要する。ここでさまざまなプロを集めたチームが必要となるのだが、最終的に実収入がどれだけ増えるかを示した戦略方針書を作成する。ここまで行って「資産の見える化」が完了する。

不動産を数十カ所所有している方の場合、仮にAという更地にアパート建築の営業があったとき、多くの地主はAについてしか考えないものだ。しかし、普段から所有する不動産すべてを「見える化」していれば、「AではなくBに建てるべき」といった判断をすることもできるだろう。

「見える化」というのは、資産の全容を俯瞰的に把握することだ。地主の皆さんには、この「見える化」の意義を理解していただき、資産を守るための最適な決断を下していただきたいと思う。

未来を見据えた決断と行動

もしも人の流れがない場所に土地を所有しているなら、売却して流れがある場所の土地に組み換えて賃貸経営を開始したほうがいい、と私は考えているが、このような話をすると、最初は「そんなリスクの高いことはしたくない」「せっかく土地を持っているのに、わざわざ組み換えるのは意味がない」という反応を示す方が多い。私もいち地主として、特に「現在の土地を手放して、新たな土地を買う」という選択にためらう気持ちは理解できる。

さらに、昨今の地価はバブル期の半額まで値下がりしている。例えば東京23区の平均公示地価は、バブル期絶頂の1991年では坪1143万8194円だったが。それが2022年には551万6579円にまで下がっている。しかし家賃はバブル期の半額になっているわけではなく、むしろ平均所得と比例して微妙に上昇傾向にある。
そう考えると、土地を購入するなら今がひとつのチャンスと言えるのではないだろうか。

土地は、ただ所有しているだけではお金を生まない。収益不動産としてはじめて実力を発揮するわけで、**その実力が低い土地しか持っていなければ、実力が高い土地に組み換えればいいというのは、とてもシンプルな考え方**だと私は思う。

そして地主というのは、比較的容易に融資を受けることができるため、そのハードルは極めて低いといえる。

だから私は、地主の皆さんには過ぎ去ったバブル期を懐かしむよりも、来る未来を見据えて行動していただきたいと思う。

そのうえで、組み換えや賃貸物件の経営という選択をしない、という決断もあるだろう。しかしいずれにせよ、**問題の本質を考えて決断を下すことで、今よりも確実によい未来に繋がっていくのではないだろうか。**

「組み換え」という選択肢を考える

この「見える化」をすることで、「土地を組み換える」という選択肢も生まれるかもしれない。

私が多くの地主の方々と話すなかで、「バブルの頃はよかった」という言葉を聞くことがある。その頃は土地の価格がうなぎ上りで、深く物事を考えなくても、資産価値がどんどん増えていった時代だ。

当時は、畑の真ん中にアパートを建てるというケースも多く見られたようだ。たしかに、土地は更地にしているよりも建物を建てた方が有効だということは本書でも述べた通りだ。しかし、どんな場所でも建てた方がいい、というわけではない。**所有する土地に賃貸物件を建てるなら、経営が成り立つか否かをしっかり検討しなければならない**と思う。

経営の観点で言うと、**畑の真ん中に賃貸住宅を建てても、人の流れがない場所にニーズは生まれない。**実際、バブル期に建てられた畑の真ん中のアパートは、ほとんどが空室だらけで、このような物件を相続する子どもは、いくら相続税の負担を軽減できても迷惑と感じるのではないだろうか？

ただし、資産価値の高い土地を手に入れるというのはそう簡単ではない。その理由を説明するのに、まずは土地購入の基本的な流れを見てみよう（左図）。

土地は手に入れるまでがなかなか大変で、よい土地ほどすぐに売れてしまう。特に手間取るのが、③の図面作成かもしれない。たとえ駅近で好条件な土地を手に入れても、採算の取れるプラン（間取り）が入らなければ意味がない。

ここで、次の問いを考えていただきたい。

土地購入の流れ

Step1 土地探し ▶ Step2 市場調査 ▶ Step3 図面作成 ▶ Step4 見積もり ▶ Step5 事業計画 ▶ Step6 融資相談

Q：同じ地域で、北道路に面した土地と南道路に面した土地があったとする。賃貸物件を建てようとするとき、どちらを購入するだろうか？

ほとんどの人は、「自分が住むならどうだろう？」と想像して、「南向きの土地のほうが住み心地がよい」と考えるだろう。そして「南道路に面した土地」と答えるのではないだろうか？

けれど私は、自分が住むのではなく賃貸物件を建てるなら、**北道路に面した土地**を選ぶ。なぜなら、**同じ地域で北道路に面した土地と南道路に面した土地があった場合、同じ面積なら北道路の方がより安価になり、より安く戸数の多い建物を建**

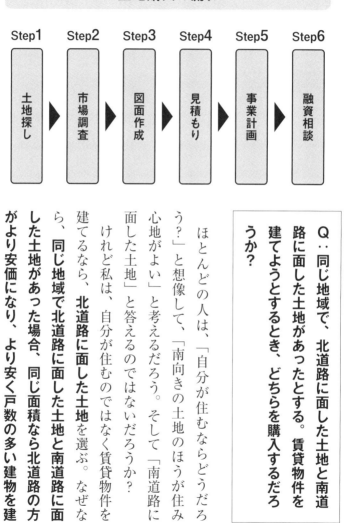

てることができるからだ。

また、土地の購入を検討するなら**「北側斜線制限」**も重要なポイントとなる。これは敷地の北側隣接地の日当たりを確保するための決まりで、**建物の高さ5mまたは10m以上の部分は一定の傾斜をつけなければならない**とされている。この制限によって、南道路の土地に建築する建物は一定の高さ以上の北側の壁を内側に傾けなければならず、その分建物の容積が減ることになる。

北側斜線制限とは?

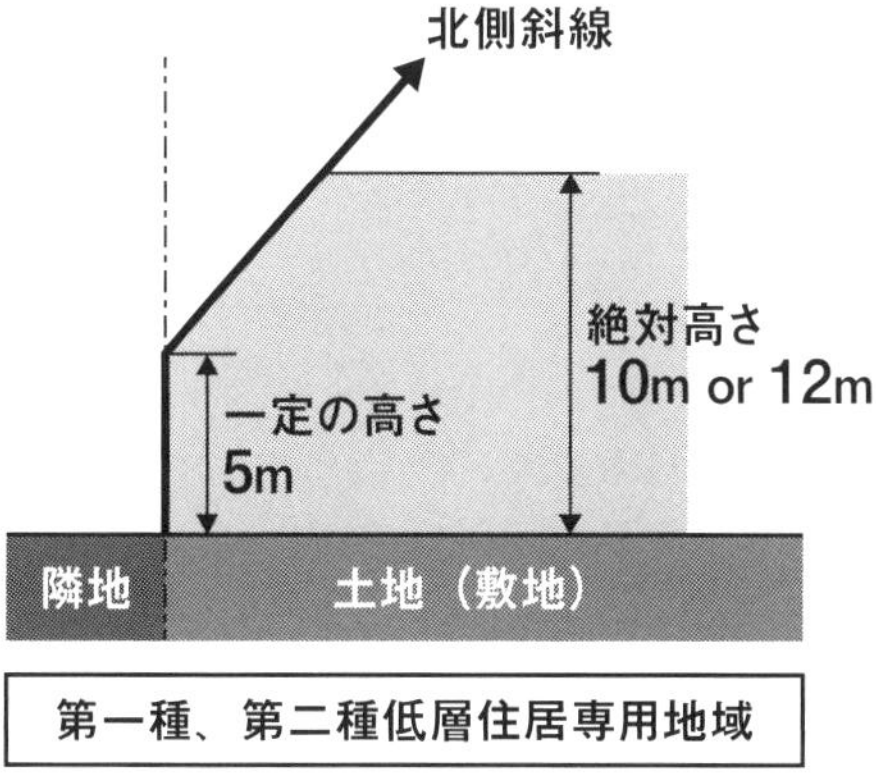
北側斜線
絶対高さ
10m or 12m
一定の高さ
5m
隣地
土地（敷地）
第一種、第二種低層住居専用地域

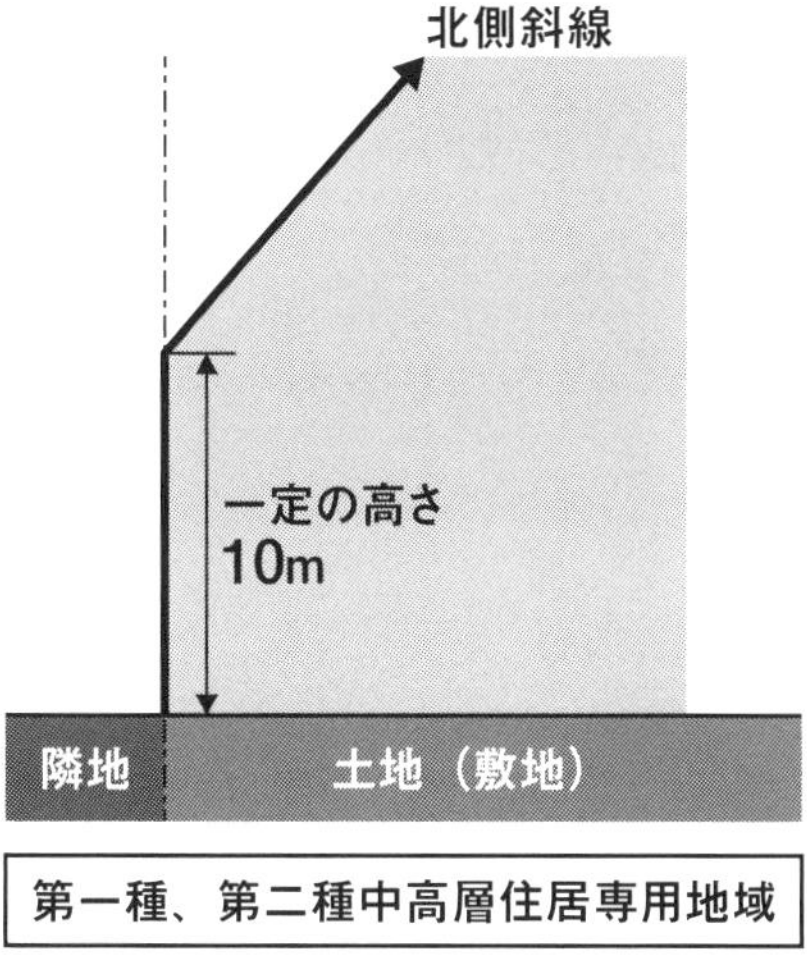
北側斜線
一定の高さ
10m
隣地
土地（敷地）
第一種、第二種中高層住居専用地域

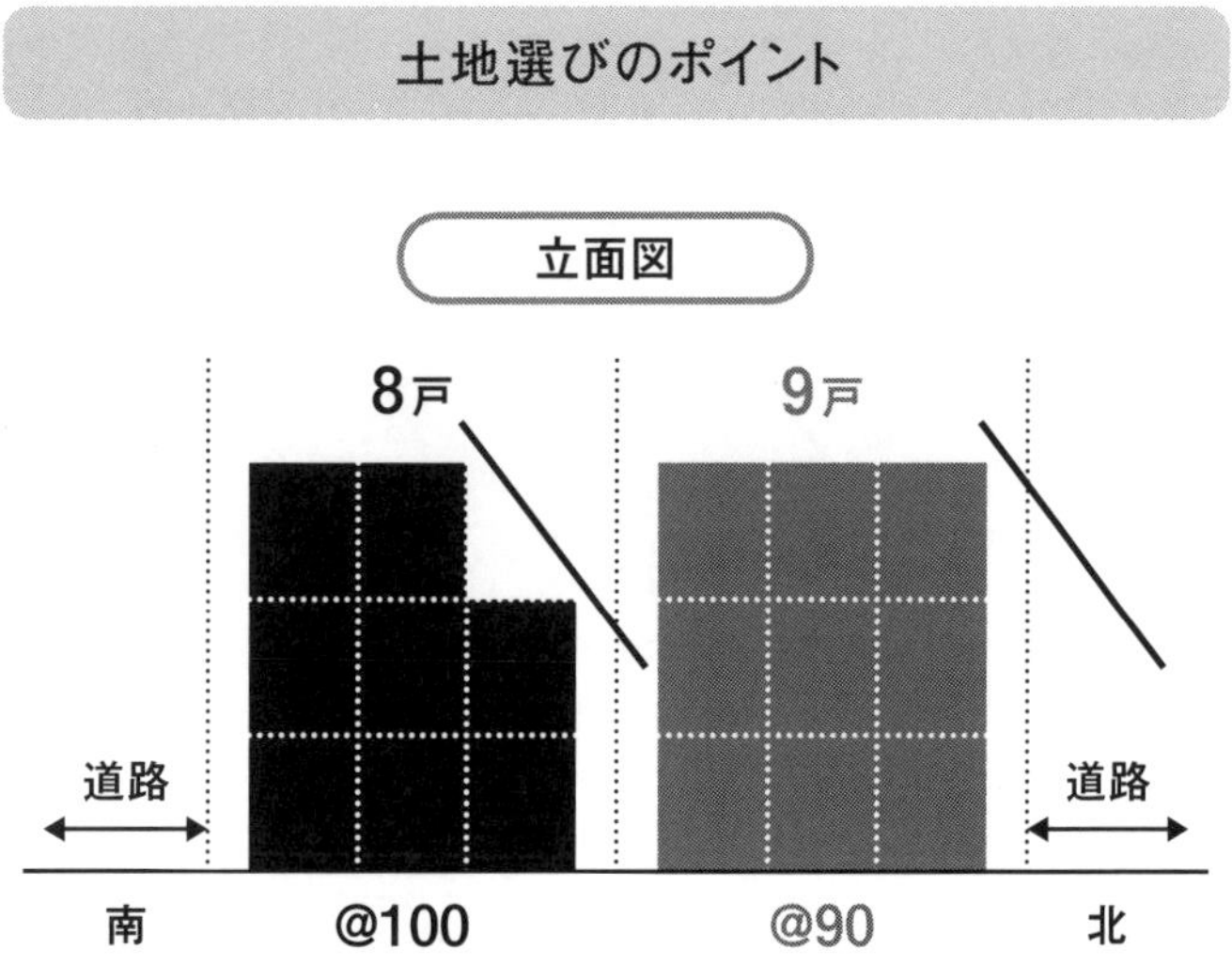

もちろん、北道路の土地も同じく道路の採光を確保するための道路斜線制限を守らなければならないが、これは北側斜線制限ほど厳しい基準ではないので、それほど影響はないと考えられる。

つまり簡単に言えば、南道路で坪単価100万円の土地に8戸のプランが入ったとしたら、隣の北道路の土地は坪単価90万円で9戸のプランが入るということになる。

こう考えると、どちらの土地を購入したいか、考えが変わってくるのではないだろうか？

土地の購入にはチーム力が必要

利益率の高い賃貸物件を建てるには、いかに安価に多くの戸数が入る建物にするかが基本となる。先の例で言えば、共に100坪なら南道路は1億円、北道路は9000万円。1000万円も安いのに、1戸分多く家賃を得ることができることになる。

もしかすると、「北道路の物件なんて、日当たりが悪そうだから人気がないのでは?」と考える人もいるかもしれない。しかし「北道路＝日当たりが悪い」というわけではないし、特にワンルームや1Kといった単身者向けの場合は、昼間は家にいないことが多いので、日当たりを気にしない傾向が強い。北道路であっても間取りやデザインなどによって人気物件にすることは十分可能で、北道路の物件でもさまざまな工夫が考えられる。

これは「自宅」ではなく「賃貸物件」ならではの土地の選び方だ。「㎡（面積）」ではなく、「㎥（体積）」で考えることが大切で、候補地を見つけたらできるだけ早く効率のよいプランを考え、問題がないならすばやく契約する。これがひとつのポイントとなる。

この「㎥（体積）」という視点を持つには、建築の知識が必要である。ここでも繰り返し述べてきた「パートナーの力を頼る」という考え方が必要となる。だから私は、やはり**土地の購入も含めた土地活用は、チームで行うのがいい、**と考えている。

つまり、土地を見つけてくるのは不動産会社に任せる。プランを考えるのは設計事務所に任せる。融資の相談をして融資を実行するのは銀行で、建物を建てるのは建築会社、ほかにも税理士や弁護士などの士業、というように。**こうしたチームを編成するのが「参謀」で、この「参謀」は各プロフェッショナルとの連携をスムーズにする役割**もある。

こうしてこうして信頼できる仲間たちと「経営改善」そして「資産防衛」というゴールへ向かい、ともに歩むことが、とても大切ではないだろうか。

第5章

地主の未来

一族の未来から逆算すれば、「やるべきこと」が見えてくる

前章でも述べたことだが、不動産は半永久的に存在する。10年や20年といった期間で大幅に状況が変化することはあまりない。例えば、今現在賑わっているエリアが30年後に原野になってしまうということは、まず考えられないだろう。

この特性から、**不動産というのは、比較的容易に長期スパンの活用計画を立てることができる、**とも言えるのではないだろうか。

そして私は、**地主という仕事、あるいは役割も半永久的に続く事業である、**と考えている。

多くの地主の家では、「受け継ぐ人間」が生まれた瞬間から決まっていて、

現在所有する資産を受け継ぐ人も決まっている。**資産が自分の子へ、さらに子どもの子へ、と未来永劫的に受け継がれていく。**

つまり、「この資産を受け継ぐ人」という未来は、ある程度予測可能だと言える。とすると、**一族の未来を予測し、そこから逆算すれば、「やるべきこと」は自然と見えてくるのではないだろうか？**

そう考えれば、次のような思考も可能となる。

「あんな古いアパートを残したら、引き継いだ3人の娘たちは困るだろう。今のうちに売却してそれを元手にきれいなマンションを買って、ひとり一戸ずつ残しておこう」

「あの土地を残していたら、2人の息子が揉めるかもしれない。今のうちに売却して、アパート2棟に組み換えよう」

このように、**「受け継ぐ側」の未来を想像し、なるべく具体的に思い描く。**

そうすると、土地を所有する地主として何をすべきかが明瞭になってくるのではないだろうか？

思い描いた
未来からの逆算

私は、土地活用に限らないことだが、このように**未来から逆算して今為すべきことを為すのが、目標に到達する最も効率的な方法**だと考えている。

私は中学時代、野球一筋で毎日毎日「どうしたら甲子園に出場できるか」ばかり模索していた。勉強そっちのけで白球を追いかけていたのだが、ありがたいことに複数の名門校から推薦入学のお話をいただいた。

そこでまず考えたのは、**「どこに入れば甲子園に出場し、法政大学に入学できるか」**ということだった。

私が物心ついた頃の球界の大スターといえば、江川卓さん（読売ジャイアンツ）と小早川毅彦さん（広島東洋カープ～ヤクルトスワローズ）。おふたりとも法政大学のご出身で、私も同じ大学に進み、東京六大学野球でプレーすることに憧れていた。

そして私は、推薦入学の話をいただいた名門校を並べて考えてみた。「甲子園出場の可能性」についていえば、どこも強豪校なので申し分ない。残る「法政大学進学の可能性」はどうだろうか？

そう考えたときに私は初めて図書室に入り、各校の法政大学への進学率を調べ始めた。その結果、推薦入学の可能性のある高校のなかで、日大三高の進学率が圧倒的に高いことが分かった。日大三高の歴史を調べるうち、卒業生に関根潤三さんと根本陸夫さんの名前を見つけて驚いた。日大三高と法政の繋がりが太いこと、そして日大三高が伝統のある学校だということを痛感するとともに、4番として甲子園に行きたいという気持ちを抱いた。地元神奈川県から離れるというネックもあったが、寮に入るのでほとんど負担にはならない。そう考えて、迷わず入学を決断した。

そして高校3年生になる春には、主力選手として念願の甲子園に出場。さらに、私が大学へ進学する前年に、かの名将である山中正竹監督が法政大学に就任され、指揮をとられていた。山中監督は投手として、「法政三羽ガラス」と呼ばれた田淵幸一さん、山本浩二さん、富田勝さんと共に、同大学の黄金時代を築いた方であり、その後は社会人野球の選手として活躍され、バルセロナオリンピック（1992年）では、監督として銅メダルを獲得している。

こうして私は、中学三年生のときに立てた目標どおりに法政大学に進学し、山中監督の指導のもとで野球に打ち込むという「思い描いた未来」を手にすることができた。大学時代は故障に泣かされ、思うような結果は残せなかったが、山中監督の教えは今でも私の生き方に強烈に根付いている。

このように、**思い描いた未来から逆算して、「今為すべきこと」を決めてほしい、**というのは、私が普段地主の皆さんにお伝えする重要なメッセージのひとつである。

これはまさに、83ページで述べた「思考」と「行動」の習慣という話にも通じることだが、**過去と現在と未来はいわば「一本道」で、今の思考と行動は、未だ見ぬ未来に確実に繋がっている。**そう考えると、**未来から逆算した道をたどれば、今とるべき思考と行動は、意外と簡単に見えてくるのではないか、**と私は思う。

今こそ「思考」と「行動」を変化させよう

私は、地主というのは、とても孤独な存在だと思う。

資産を守るというプレッシャーをひとりで受けるなかで、「ひとりでなんとかしなければ」と考えてしまう。そもそも、多くの地主の方々は変化の少ない生活を送っているため、人の力を借りることやチームプレーというものに慣れていない、それゆえ良縁を生んでいない方が多い、という事情もあるのではないだろうか。

しかし、ここであらためて考えていただきたい。近年は深刻な社会危機がたびたび起こったが、**何が起こるか分からない先行き不透明なこの時代においては、これまでのやり方はもはや通用しなくなってしまった。**

だからこそ、本書をお読みの皆さんには、これを機に過去の思考と行動の習慣を見直していただきたい、と思う。**人間の思考と行動は、意識次第で必ず変えることができる。**「よりよい未来に繋げるため」と考えれば、「現状維持」以外の選択肢が見えてくるのではないだろうか？

これは、私自身の話から言えることでもある。私自身、過去の思考と行動を変化させるのに苦労した経験があり、その苦しみや痛みはよく分かるつもりだ。人間というのは、どうしても過去の栄光や思い出にしがみついてしまうものだと思う。けれど何をやってもうまくいかない、とにかく変わらないといけない、でも変われない……。そんな負のループに陥ったこともある。

そんな状態の私を救ってくれたのが、お世話になっているコンサルタントの先生方だ。特に、株式会社友アンド愛を創業してレコードレンタルビジネスを開発され、現在は株式会社いかしあい隊の名誉会長として多くの企業を支援されている牛久保洋次さんと、株式会社ドラゴンコンサルティング代表の五藤万晶さんには、とてもたくさんのことを教えていただいた。

私は創業当初から牛久保会長にお世話になっているが、たくさん学ばせていただいたことで、物事の考え方や捉え方が柔軟になり、発想力が生まれたことをひしひしと感じている。また、五藤代表には「地主の参謀」という私の事業の可能性や進むべき方向性を言語化していただき、コンサルティングという仕事について体系化して学ばせていただいたことが、今の自分の揺るぎない自信となっている。

私は牛久保会長や五藤代表から教えを受けるなかで、自分の思考と習慣を大きく変え、現状と未来を変えることができた。そして現在、「地主の参謀」として地主の方々にコンサルティングを行うに当たり、単に資産防衛のテクニックを伝えるのではなく、その方の思考習慣を変えるお手伝いをしているのではないか、とも考えている。これも牛久保会長や五藤代表に気付かせていただいた面が大きいのだが、牛久保会長からは、ありがたくも次のような言葉をいただいたことがある。

「地主の皆さんには、これまで味方という存在はおらず、相談相手としては顧問の会計士や税理士が多いだろうが、彼らは不動産の問題をよく知っているわけじゃない。松本さんは、このように困っている地主の方々を助けるようなビジネスをやっている。地主の方々の問題を俯瞰的に把握して、未来を見据えた資産防衛の仕組みをつくり、その地主の方の子ども世代や孫世代まで幸せになれるようなコンサルティングを行っている。

人間は、自分のことを真剣に考えてくれる存在がいて、初めて幸せになれるものだ。松本さんは、ご自身が地主の家だということもあり、自分のためではなく地主の皆さんのことを本当に真摯に考えて向き合っているからこそ、『地主の参謀』というまったく新しいビジネスモデルを作り出したのだろう、と思う」

繰り返すが、地主の方々が資産を守るために必要なのは、節税や土地活用など、小手先のテクニックではない。もしも私がいなくても資産を守る仕組みがしっかり機能し、地主の方がその都度の決断を行い、その考え方を子どもや孫世代に継承できるように、いわば私は地主の皆さんに「考え方」や「思考の習慣」をコーチングしているのではないか、ということを日々痛感しているが、それも牛久保会長や五藤代表のおかげであり、おふたりに教えていただいたことはすべて、私の中でかけがえのない財産となっている。

「地主の参謀」として大切にしている3つのこと

私は、地主専門の資産防衛コンサルタントとして、次の３つのことが重要だと考えている。

①共に歩む

地主が「自分ひとりで何でもやる」という姿勢でいても、限界があるように感じている。

資産を守るには、専門的な知識がさまざま必要だ。そのためには、自分の知らないことをプロに教えてもらったり力を借りたりする素直さが必要なのではないだろうか。

そして、そうした**プロの方々と共に手を取り合い、ゴールに向かって歩んで**

いくことで、地主の皆さんが思い描く未来にたどり着ける、私はそのように考えている。

②チーム力

「①共に歩む」でも述べた通り、地主の皆さんが資産を守るためには、さまざまなプロフェッショナルがチームに参加することになる。そしてメンバーがひとつのチームとして「資産を守る」というゴールに進む。**こうして一丸となってチームとしての力が増せば増すほど、資産をより強い力で守ることができるのではないだろうか。**

③徐々に

資産防衛というのは、一日にして成るものではない。それにはまず自らの思考と習慣を変える必要があり、これにも長い時間を要すると思う。

目先の利益や節税ではなく、長い目で見た先のゴール、すなわち「資産を守

る」というゴールを見据えること。そこから逆算して、「今為すべきこと」を為すこと。その意識があれば徐々に、しかし確実に、未来は変わっていくのではないだろうか?

よりよい未来へ至るために

最後に、私が本書で伝えたいことをあらためてお話ししたい。

①攻めることが最大の防御である

「現状維持」では資産は守れないことは、ここまで繰り返し述べた通りだ。時代は流れ、社会は常に変わっていく。**そんな時代で「現状維持」という「守り」の姿勢を貫いていても、それは防御とはなり得ないのではないだろうか？**

「資産防衛」というと「守り」というイメージが強く、それゆえに「攻めない」を選択する地主もいるかもしれない。しかし、**かくも変化の大きい世の中においては、攻めることこそ最大の防御となる。**もっと言えば、**攻めなくして、資産を守ることはできない**のではないだろうか。

②「経」と「営」なくして繁栄はない

「経」と「営」が意味するものについては、すでに本書をお読みいただいた皆さんであれば理解いただけたことと思う。**地主の皆さんに備えていただきたい能力がこの「経営」という力**であり、そのためには、これまでお話ししてきたような**「経営の改善」**という視点で、ぜひご自身の資産を見つめ直していただきたい。**その改善の先に「資産を守る」というゴールがある**はずだ、と私は思う。

③残すのは「資産」ではなく「教育」

あなたは、父の代から資産を引き継ぐにあたって、どんな気持ちだっただろうか？　「こんな資産をもらえて嬉しい」という方はいいが、もしかすると「こんな資産を引き継いでも……」と苦い気持ちになった方もいるのではないだろうか。

それでは、**現在所有する資産を子どもの世代に引き継ぐときに、どんな気持**

ちでこの資産を相続してほしいだろうか？

もちろん、「こんな資産いらない」という気持ちで相続されるほど、残念なことはないだろう。**子どもは、親を見て育つものだ。**親が土地という資産を持てあましているようであれば、子どもも自然と「相続はいやなもの」「面倒なもの」という意識を持つことになる。せっかく引き継いだ土地に対して、マイナスの感情を抱くかもしれない。

そうならないように、大切な土地という資産を子ども世代が喜んで引き継ぐために、日頃の行動から、子どもに**「資産の扱い方」**を伝えていく。**親が土地をうまく活用していたり、よい資産に換えていれば、子どもも資産に対してよい感情を抱くことになる。**そんな「教育」こそが大切なのではないだろうか？

そしてそれは、**親自身が思考と行動を変えることで、自然と子どもに伝わっていく、**と私は考えている。

＊

ここで、本書を読んでいただいた地主の皆さんに質問したいことがある。
それは、**「今後、資産をどう経営していくか？」**ということだ。

おそらく、次の３つの答えが考えられるのではないだろうか。

①自ら「知識」を身に付ける
②自ら「経験」を積む
③信頼できる「協力者」を側に付ける

たとえば、これが料理であなたがおいしいカレーを作れるようになりたいなら、料理雑誌や本を読んで、カレー作りの知識を学ぶ、という方法もあるだろう。あるいは、自力でカレーを何回も作るうちに、経験を積んでおいしいカレーが作れるようになるかもしれない。これはスポーツも同じで、①自ら「知識」を身に付ける、②自ら「経験」を積む、という方法は、これらの場合においては有効だと思う。

ただし、これが不動産のことであればどうだろうか？ 相続対策や不動産の購入などは、失敗したら取り返しがつかないほど、大きな損失を被ることになり、家族など周りに迷惑をかけることになるだろう。**絶対に失敗したくないという局面のときに、自然と第三の選択肢――③信頼できる「協力者」を側に付ける、という方法が見えてくる**のではないだろうか。

その意味でも、48ページでお話ししたような「人を見極める力」も必要となるのだが、不動産のことにおいては、**自己流**で「知識」を得たり「経験」を積んだりすると、それが**「事故流」**になってしまう恐れは大いにある。あなたが絶対に失敗したくないのなら、信頼できる「協力者」を味方にするという選択肢を考えてもいいのではないか、と私は思う。

最後に、あらためて皆さんに尋ねたい。**資産を守るためにどのように経営し**

ていくか、そして、地主としてどのような道を歩んでいくか？　本書をここまで読んでくださった皆さんであれば、先の3つの選択肢から、選ぶべき解は、すでに決まっているのではないだろうか。そして、あなたにとって信頼できる「参謀」は、もしかすると、既に近くにいるのかもしれない。

おわりに

私は本書を書いている2023年で47歳になり、地主専門の資産防衛コンサルタントとなって12年が経つが、コンサルタントという仕事に対して自信を持てるようになったのは40歳になってからのことである。そしてありがたいことには、41歳のときに当時最年少でコンサルタント名鑑『日本の専門コンサルタント50』で紹介していただく、という嬉しい出来事もあった。

本書の最後に、私が地主専門の資産防衛コンサルタントとして必要だと考える4つの能力について話したいと思う。それは、**「誠実さ」「コーチング力」「学ぶ姿勢」「マネジメント力」**の4つである。

「誠実さ」とは、コンサルタント以前に社会人として絶対に必要なものではないだろうか。しかし現実の社会には、意外とこの「誠実さ」を持たない人が多いように感じている。

誠実さは、その人の言動に如実に表れる、と私は考えている。いわば**「言行一致」**であり、この視点をもって、選ぶべきパートナーを見極めていただきたいと思う。

そしてもうひとつが**「コーチング力」**である。一般的に「コンサルタントに必要な能力」と言えば、「指導力」や「提案力」を思い浮かべる人もいるかもしれない。しかし、これらは備わっていて当たり前の能力であり、私はこの「コーチング力」こそ優れたコンサルタントに必須の能力だと考えている。

「コーチ」とは、実は本来「馬車」を意味する言葉だ。「人が望む場所まで送り届ける」という意味があり、そこから現在の**「人の目標達成を支援する」**という意味に繋がっている。

つまり**「コーチング力」とは、「人の望む未来へ送り届けるよう支援する力」**とも言える。これはまさに、本書で繰り返し述べてきた**「未来から逆算してい**

ま為すべきことを為す」ことと通じるように思う。

私自身がコンサルタントの先生方にお世話になっていることは、１６０ページでお話しした通りだが、そのうちのひとりであるドラゴンコンサルティングの五藤万晶代表が、次のように話してくださったことがある。

「地主の家に生まれ育った松本さんだからこそ、クライアントである地主の方々の気持ちを理解することができるのだろう。その点はとても大きく、コンサルティングにおいては、人の気持ちが分かるというのが非常に重要となる。コンサルタントとは、そのような人間的な部分が問われる仕事であり、専門的な知識を持っているからといって、コンサルタントとしての能力が高いとは限らない。しかし松本さんは、地主の皆さんの状況や気持ちを理解し、心からの味方になっている。そして他の誰にも真似できない新しいビジネスを生み出したが、それは松本さんの人間力や真面目さ、魅力の所以であり、感度の高い士業のトップの方々が松本さんを顧問につけているというのは、その表れではないだろうか」

また、牛久保洋次会長からは、畏れながら次のようなお話をうかがったことがある。

「松本さんは、礼節や節度や感謝の気持ちなど、日本人が失いかけている『道』をしっかり持っているようだ。松本さんは、これまで相談相手や味方がいなかった地主の皆さんが、どうしたら幸せになれるかを一生懸命に考え、共に道を歩もうとしている。『地主の参謀』という新しい仕事を生み出し、単に土地活用のテクニックを教えるのではなく、感謝や思いやりや努力する心を持って向き合い、その方の考え方や意識を変えている」

いくらその人のためを思って提案しても、本人が納得しなければ思考と行動は変わらない。「納得」とは、いわば「これがいい」と自分で気づくことでもある。

時には、私がたどり着かない「答え」が、その方の中に眠っていることもある。それらの気づきを引き出すため、私は日々の業務において「コンサルティング」と「コーチング」を共に心がけている。

経営の技術面だけを教えても、思考が変わらない限り大きな変化は生まれない。私は顧客である地主の方々に対し、**思考と行動を変えること、そしてそれを子どもや孫世代など次世代に伝え、資産を豊かな形で承継していってほしい、**と思う。

次に、**「学ぶ姿勢」**について。例えば不動産市場は常に変化していて、不動産に関する法律や税制は年度ごとに改正されることが多く、日常的に情報を収集していなければ、クライアントに誤った提案をする恐れも十分にある。

不動産のことでなくとも、コンサルタントには経営について学ぶべきことが無限に存在する。だからこそ、コンサルタントとして「学ぶ姿勢」をなくしてはいけない、そして学び続ける意志が大切なのではないだろうか。
私自身、学生の頃と違って社会人になってからの学びは、本当に身になると感じているが、それには自分のお金で学んでいるという要素もあるかもしれない。いわば「自己投資」で、自己投資している人というのは何歳になってもスピード感をもって成長しているように感じている。

最後に**「マネジメント力」**。税理士であれば税務、弁護士は法務といったように、ほとんどの専門家は扱う領域が決まっているが、コンサルタントは税金、法律、不動産、建築、保険、融資などの話はもちろん、場合によっては親族間の争いごとにまで関わる局面もあり、守備範囲が非常に広いという特徴がある。扱う領域が広くても、すべての領域の専門家になることはできない。だから私は**「地主の参謀」として、それぞれのプロフェッショナルを集めてチームでクライアントの課題を解決することが求められる、**と考えている。
そこで発揮されるのが、「マネジメント力」だ。この力を駆使してそれぞれがスムーズに仕事ができるようにサポートし、それぞれがうまく連携されるように全体を見る。**それぞれの仕事がうまく進めばチームとしての力も増し、地主の方々が満足する未来へと繋がっていく。**このような好循環を生み出せるかどうかは、コンサルタントの「マネジメント力」にかかっているのではないだろうか。

私は、この「マネジメント力」を野球から学んだ。野球はポジションによってやっていることや感じていることが大きく異なり、同じピッチャーでも先発とリリーフでは、練習内容からして違うものだ。そのため、それぞれのメンバーは、ほかのメンバー一人ひとりの体調や気持ちを思いやって勝利という目標に突き進んでいくことになる。

そして野球は、スター選手をかき集めただけでは勝つことはできない。**「適材適所」**を前提としたチームワークの構築が不可欠で、この点はまさに地主の資産防衛とまったく同じことが言えると思う。

最後に、本書のタイトルにも掲げた「決断」について、あらためて話しておきたい。

決断するのは、はじめのうちはなかなか難しいかもしれない。しかし本書で繰り返し述べたように、それは**思考と行動の習慣を変えることであり、これができれば決断もできるようになる。**

だからこそ、**毎日毎日自分自身の思考と行動を意識的に変える習慣をつけて、変わることに慣れてほしい。**今はできないことでも、それを何日も繰り返せば、数カ月後には変わっているかもしれないのだから。

私が地主の皆さんによく贈る言葉に、**「今を大切に生きる」**というものがある。過去の思考や習慣は「現在の状況」に繋がっていて、その先の未来をつくっていく。**いい未来に繋げたいなら、今この瞬間を大切に生きることが重要なのではないか、**と思うからだ。

そして人は、自分ひとりで生きているわけではなく、過去に関わった多くの人がいて今の自分が存在している。その方々のためにも、今を大切に生きていただきたい、と思う。

私は現在、『地主の真実』という書籍を制作している。この本では、何人かの地主の方々にインタビューを行い、その実情について解析していくが、おそらく地主の皆さんにとって「普通のこと」であっても、側から見れば「普通じゃないこと」というのもあるかもしれない。秋に出版されるこの次回作からも、違う角度から何らかのヒントを得られることと思う。

最後に、本書をここまでお読みいただいたことに、あらためて感謝を申し上げたい。そして、地主の皆さんの大切な資産が守られ、よりよい未来に繫がっていくことを、著者として心から祈っている。

2023年6月吉日　松本隆宏

パートナー事務所一覧 ※五十音順

法律事務所アルシエン
〒100-0013　東京都千代田区霞が関3-6-15 霞ヶ関MHタワーズ5F
https://alcien.jp/

KTオフィス土地家屋調査士法人
本町事務所
〒541-0051　大阪市中央区備後町3-4-9 輸出繊維会館7F
https://kt-office.co.jp/

税理士法人JNEXT
〒170-0013　東京都豊島区東池袋3-23-13 池袋KSビル7F
https://www.paton-l.com/

税理士法人SHIP
本社
〒440-0076 愛知県豊橋市大橋通1-101
https://www.ship-ac.jp/

税理士法人深代会計事務所
〒170-0013　東京都豊島区東池袋1-17-8 NBF池袋シティビル7F
https://www.fukashiro-kk.or.jp/

株式会社フジ総合鑑定
本部・東京事務所
〒160-0022　東京都新宿区新宿2-1-9 JESCO新宿御苑ビル9F
https://fuji-sogo.com/

司法書士法人Bridge
大阪事務所
〒541-0056　大阪市中央区久太郎町2-5-28 久太郎町恒和ビル8F
https://bridge-law.jp/

税理士法人ベリーベスト
東京本店
〒106-0032 港区六本木1-8-7 MFPR六本木麻布台ビル11F
https://www.vbest-tax.jp/

ベリーベスト法律事務所
東京オフィス
〒106-0032　東京都港区六本木1-8-7 MFPR六本木麻布台ビル11F
https://www.vbest.jp/

ロイヤルナイト法律事務所
〒105-0003 東京都港区西新橋1-20-3 虎ノ門法曹ビル503
https://www.knight-law.jp/

松本隆宏（まつもと・たかひろ）

ライフマネジメント株式会社代表取締役
1976年、神奈川県相模原市生まれ。高校時代は日大三高の主力選手として甲子園に出場。東京六大学野球に憧れ法政大学へ進学。大学卒業後、住宅業界を経て起業。「地主の参謀」として資産防衛コンサルティングに従事し、この10年で数々の実績を生み出している。また、最年少ながらコンサルタント名鑑『日本の専門コンサルタント50』で紹介されるなど、プロが認める今業界注目の逸材。著書に『地主の参謀――金融機関では教えてくれない資産の守り方』（2018年、エベレスト出版）、『アスリート人材』（2022年、マネジメント社）がある。

装丁　鈴木大輔・仲條世菜（ソウルデザイン）
DTP・図版作成　明昌堂
編集協力　ブランクエスト

カバー写真　Mihael H

地主《じぬし》の決断《けつだん》

これからの時代《じだい》を生《い》き抜《ぬ》く実践知《じっせんち》

2023年　7月25日　初版第1刷発行

著　者　松本隆宏
発　行　サンライズパブリッシング株式会社
〒150-0043
東京都渋谷区道玄坂1-12-1　渋谷マークシティW22階
発売元　株式会社飯塚書店
〒112-0002
東京都文京区小石川5-16-4
印刷・製本　中央精版印刷株式会社

ISBN 978-4-7522-9011-7　C0033